冯 雪 ◎著

Research on the Development Mechanism and Level Measurement of Biomass Energy Industry in Key State-owned Forest Areas in Heilongjiang Province

黑龙江省重点国有林区生物质能源产业发展机理与水平测度研究

中国财经出版传媒集团

经济科学出版社
Economic Science Press

图书在版编目（CIP）数据

黑龙江省重点国有林区生物质能源产业发展机理与水平测度研究/冯雪著．——北京：经济科学出版社，2021.11
ISBN 978-7-5218-3240-2

Ⅰ.①黑…　Ⅱ.①冯…　Ⅲ.①国有林-林区-生物能源-产业发展-研究-黑龙江省　Ⅳ.①F426.2

中国版本图书馆 CIP 数据核字（2021）第 248283 号

责任编辑：于　源　姜思伊
责任校对：王苗苗
责任印制：范　艳

黑龙江省重点国有林区生物质能源产业发展机理与水平测度研究

冯　雪　著

经济科学出版社出版、发行　新华书店经销
社址：北京市海淀区阜成路甲 28 号　邮编：100142
总编部电话：010-88191217　发行部电话：010-88191522
网址：www.esp.com.cn
电子邮箱：esp@esp.com.cn
天猫网店：经济科学出版社旗舰店
网址：http://jjkxcbs.tmall.com
北京财经印刷厂印装
710×1000　16 开　11.25 印张　190000 字
2022 年 7 月第 1 版　2022 年 7 月第 1 次印刷
ISBN 978-7-5218-3240-2　定价：46.00 元
（图书出现印装问题，本社负责调换。电话：010-88191510）
（版权所有　侵权必究　打击盗版　举报热线：010-88191661
QQ：2242791300　营销中心电话：010-88191537
电子邮箱：dbts@esp.com.cn）

前　言

党的十八大以来，国家高度重视生物质能源产业发展，制定了生物质能源发展战略。《生物质能发展"十三五"规划》提出，到2020年生物质能基本实现商业化和规模化利用。随着天保工程和全面停伐政策实施，黑龙江省重点国有林区面临支柱产业缺失、经济增长缓慢的困境，以木材采伐和加工为主的传统产业发展受到严重制约，经营方式开始由木材生产向森林资源培育转变，林区亟须发展接替产业，进行产业结构调整和经济转型，寻找新的支柱产业是林区发展的关键。生物质能源以农林剩余物为原料，是对废弃资源的再利用，黑龙江省重点国有林区发展生物质能源产业是落实国家战略需要，有助于改变高度依赖木材生产的发展模式，对于推动产业结构转型升级，实现"生态—经济—社会"协调发展具有重要现实意义。黑龙江省重点国有林区虽然有丰富的农林剩余物资源，有广阔的生物质能源需求市场，但生物质能源产业仍然发展缓慢、集约化程度较低。在这样的大背景下，有必要进行黑龙江省重点国有林区生物质能源产业发展的理论分析与实证研究，以期明晰生物质能源产业发展影响因素的作用机理、识别产业发展的关键影响因素，为黑龙江省重点国有林区生物质能源产业发展提供理论支撑和对策建议。

首先，分析整理了国内外相关研究文献，基于驱动力—压力—状态—影响—响应（DPSIR）理论模型，提出了生物质能源产业发展"DPSIR"分析范式。以生物质能源产业发展推动力为研究起点，分析生物质能源产业发展所处状态，研究生物质能源产业发展对林区产生的影响，提出响应措施。从生物质能源资源状况和生物质能源产业状况两方面，分析黑龙江省重点国有林区生物质能源产业发展现状。研究表明：2005~2017年生物质能源资源量稳步上升，生物质发电项目取得较大进展。

其次，明确了黑龙江省重点国有林区生物质能源产业发展机理。基于"DPSIR"分析范式，界定了生物质能源产业发展的影响因素，梳理了影响因素之间的作用关系，构建了黑龙江省重点国有林区生物质能源产业发展机理的理论模型，提出研究假设，利用偏最小二乘结构方程模型进行验证。研究表明：生物质能源产业发展和林区经济社会发展之间存在相互促进的关系，提升技术水平和加大政策扶持力度，是推动黑龙江省重点国有林区生物质能源产业发展的有效措施。

再次，评价了黑龙江省重点国有林区生物质能源产业发展水平，识别出产业发展的关键影响因素，从整体上探究影响因素对生物质能源产业发展的作用。建立了黑龙江省重点国有林区生物质能源产业发展评价指标体系，运用TOPSIS模型评价生物质能源产业发展水平，研究表明：2005~2017年，黑龙江省重点国有林区生物质能源产业发展水平稳步上升，经历了由"低等水平—中等水平—较高等水平"的发展过程；运用障碍度模型，识别了生物质能源产业发展的关键影响因素，研究表明：生物质能源资源利用率、资金投入量、产业规模、市场竞争力、技术水平是黑龙江省重点国有林区生物质能源产业发展的关键影响因素。

最后，在理论分析和实证研究基础上，从完善生物质能源产业政策、提高生物质能源产业技术创新能力、加强生物质能源产业金融支持力度、健全生物质能源产业市场运行机制和建立生物质能源产业原料保障体系五个方面，提出了推动黑龙江省重点国有林区生物质能源产业发展的对策与建议。结合黑龙江省重点国有林区生物质能源产业发展现实情况，设计了生物质能源技术创新演进流程，构建了农作物秸秆原料收储运体系。

目录
Contents

第一章 绪论 ·· 1
    第一节 研究背景 ·· 1
    第二节 研究目的和意义 ·· 3
    第三节 国内外研究现状 ·· 5
    第四节 研究设计 ·· 12
    第五节 本书的创新之处 ·· 17

第二章 相关概念界定及理论基础阐述 ·· 19
    第一节 相关概念界定 ··· 19
    第二节 研究理论基础 ··· 26
    第三节 本书理论分析框架 ··· 33
    第四节 本章小结 ·· 34

第三章 黑龙江省重点国有林区生物质能源产业发展现状及问题分析 ········ 36
    第一节 黑龙江省重点国有林区概况 ·· 36
    第二节 黑龙江省重点国有林区生物质能源资源现状 ····················· 39
    第三节 黑龙江省重点国有林区生物质能源产业发展现状 ··············· 49
    第四节 黑龙江省重点国有林区生物质能源产业
             发展存在问题 ·· 55
    第五节 本章小结 ·· 57

第四章 黑龙江省重点国有林区生物质能源产业发展机理分析 ················ 58
    第一节 生物质能源产业发展系统解析 ··· 58

第二节　生物质能源产业发展的影响因素 ·················· 62
第三节　生物质能源产业发展机理理论模型构建 ············ 69
第四节　本章小结 ·· 78

第五章　黑龙江省重点国有林区生物质能源产业发展机理验证 ········ 79

第一节　指标选取及数据来源 ······························ 79
第二节　研究方法选择 ···································· 86
第三节　模型检验 ·· 94
第四节　生物质能源产业发展机理检验结果及分析 ·········· 97
第五节　本章小结 ·· 107

第六章　黑龙江省重点国有林区生物质能源产业发展水平测度 ········ 108

第一节　指标体系构建 ···································· 108
第二节　研究方法 ·· 112
第三节　生物质能源产业发展水平评价结果与分析 ·········· 119
第四节　生物质能源产业发展关键影响因素识别结果与分析 ·· 127
第五节　本章小结 ·· 132

第七章　黑龙江省重点国有林区生物质能源产业发展对策与建议 ······ 133

第一节　完善生物质能源产业政策 ·························· 133
第二节　提高生物质能源产业技术创新能力 ················ 136
第三节　加大生物质能源产业金融支持力度 ················ 138
第四节　健全生物质能源产业市场运行机制 ················ 140
第五节　建立生物质能源产业原料保障体系 ················ 142
第六节　本章小结 ·· 144

结论 ·· 145

参考文献 ·· 149
附录A　黑龙江省重点国有林区生物质能源资源原始数据 ········ 166
附录B　黑龙江省重点国有林区生物质能源产业发展机理验证及
　　　　发展水平测度的原始数据 ···························· 169
附录C　黑龙江省重点国有林区生物质产业发展水平计算过程 ········ 171

第一章 绪 论

第一节 研究背景

自从进入工业化时代,全球经济社会呈现了飞跃式发展,煤炭、石油和天然气等传统化石能源为人类社会发展提供了强大推动力。二十一世纪,随着能源消耗增加,供需不平衡逐渐显现,能源危机在世界各国都面临巨大挑战,化石能源燃烧排放的有害气体和有毒物质,产生温室效应,从而导致全球变暖,引发环境危机,能源问题和环境问题已成为阻碍世界各国发展的两大主要因素[1,2]。中国煤炭燃烧产生的 SO_2 占 SO_2 排放总量超过 70%,产生的烟尘占烟尘排放总量的 90% 以上,寻找可再生的替代能源已刻不容缓[3]。生物质能源是继煤炭、石油和天然气之后的第四大能源,具有低碳、清洁和可再生的特点,各国纷纷制定发展生物质能源的战略规划[4]。大力发展生物质能源产业既能满足能源可持续发展需求,又能提高生态环境承载力,是解决能源问题和环境问题,实现经济社会可持续发展的重要举措。

国家高度重视生物质能源产业发展,《生物质能发展"十三五"规划》提出,到 2020 年生物质能基本实现商业化和规模化利用,利用量达到 5800 万吨标准煤/年,其中农林生物质直燃发电达到 700 万千瓦[5]。黑龙江省在"十三五"规划基础上,出台了《全省推进清洁能源产业发展行动方案(2017—2020 年)》,提出在林区建设一批以林下剩余物、废弃菌袋等为主的生物质直燃发电项目[6]。黑龙江省重点国有林区发展生物质能源产业,符合国家战略发展方向。2014 年初,国家林业局下发了《关于切实做好全面停止商业性采伐试点工作的通知》,同年 4 月 1 日,黑龙江省重点国有林区全面停止天然林商业性采伐(后称全面停伐)政策开始实施[7],多年来林区形成的以资源采伐利用为主的经济社会体系受到严重冲击,以木材采伐和加工为主的传统产业,已不适应新时期林区发展需求,经济转型迫在眉睫。研究黑龙江省重点国有林区生物质能源产业发展问题对于林区寻找替代产业,实现产业结构转型升级具有重要的理论价值和现实意义。

全面停伐后,黑龙江省重点国有林区职工家庭可支配收入增长缓慢,远低于全国及黑龙江省平均水平,2014年人均可支配收入只相当于黑龙江省城镇居民可支配收入的62%[8];同时,家庭烧柴短缺,能源紧张问题严重影响了林区居民生产生活。生物质能源产业以农林剩余物为原料,是对废弃资源的再利用,开发生物质能源可以延长农业和林业的产业链,创造更多就业机会,提高职工收入水平;可以改变林区对木材资源的高度依赖,转变高消耗、粗放型的发展模式。据测算,每建一座年产一万吨生物质固化成型燃料的加工厂,可提供60个就业岗位,还可带动运输业、服务业、机械制造业、炉具制造业和农副产品加工业等周边产业发展[9]。并且,生物质能源市场需求广泛,具有较好的环境效益和社会效益,是全面停伐后黑龙江省重点国有林区经济转型的主要发展方向之一。2017年,黑龙江省重点国有林区林地面积1009万公顷,森林面积856万公顷,活立木总蓄积9.5亿立方米,农作物播种面积36万公顷,农作物产量140万吨,丰富的农林生物质能源资源为黑龙江省重点国有林区生物质能源产业发展提供了原料保障。在具有诸多优势的情况下,黑龙江省重点国有林区生物质能源产业仍然发展缓慢、集约化程度较低,要想找出黑龙江省重点国有林区生物质能源产业发展受到哪些因素的影响?什么因素制约了产业发展?研究生物质能源产业发展机理、识别产业发展关键影响因素是十分必要的。

基于此,本书在全面停伐后黑龙江省重点国有林区支柱产业缺失、亟须进行产业转型升级的大背景下,针对现有理论缺口与现实需求,分析黑龙江省重点国有林区生物质能源产业发展机理,识别出产业发展的关键影响因素,为黑龙江省重点国有林区生物质能源产业发展提供切实有效的对策建议。

第二节 研究目的和意义

一、研究目的

本书研究的总体目标是：以黑龙江省重点国有林区为研究范畴，以生物质能源产业为研究对象，以国有林区生物质能源产业发展现状为研究起点，分析生物质能源产业发展机理，明确生物质能源产业发展影响因素之间的作用关系，评价生物质能源产业发展水平，识别生物质能源产业发展的关键影响因素，从整体上把握各影响因素对生物质能源产业发展的作用，为推进黑龙江省重点国有林区生物质能源产业的健康有序发展提供理论依据，为管理部门决策及制定发展战略提供对策建议。具体研究目的如下：

（一）梳理黑龙江省重点国有林区生物质能源产业发展状况

结合实地调研和统计数据，详细阐述黑龙江省重点国有林区概况、生物质能源资源现状、生物质能源产业现状，分析生物质能源产业发展存在的问题，为后续深入研究提供充分客观的依据。

（二）揭示黑龙江省重点国有林区生物质能源产业发展机理

基于"驱动力—压力—状态—影响—响应"（简称"DPSIR"）的分析范式，解构生物质能源产业发展系统，界定生物质能源产业发展的影响因素，梳理影响因素之间的作用关系，构建生物质能源产业发展机理的理论模型，提出研究假设，并用偏最小二乘结构方程模型（PLS - SEM）进行验证，明确黑龙江省重点国有林区生物质能源产业发展影响因素之间的作用路径。

（三）测度黑龙江省重点国有林区生物质能源产业发展水平

生物质能源产业发展机理分析了影响因素之间的作用关系，在此基础上，采用发展机理理论分析得到的影响因素，建立生物质能源产业发展评价指标体系，从整体上探索影响因素对黑龙江省重点国有林区生物质能源产业发展的作用；运用 TOPSIS 模型，评价生物质能源产业发展水平；运用障碍度模型，识别产业发展的关键影响因素。

（四）提出推进黑龙江省重点国有林区生物质能源产业发展的对策建议

在理论研究和实证分析基础上，从完善生物质能源产业政策、提高生物质能源产业技术创新能力、加强生物质能源产业金融支持力度、健全生物质能源产业市场运行机制和建立生物质能源产业原料保障体系五个方面，提出推进黑龙江省重点国有林区生物质能源产业发展的对策与建议。

二、研究意义

黑龙江省重点国有林区全面停伐后，在经济转型过程中，面临支柱产业衰退、职工收入水平增长缓慢等问题，发展生物质能源产业有助于黑龙江省重点国有林区产业结构转型升级，加快经济转型进程。本书研究内容不仅是黑龙江省重点国有林区可持续发展的基础，也是实现黑龙江省重点国有林区"生态—经济—社会"协调发展的重要途径，无论从理论层面还是实践层面都具有重要的指导意义。

（一）理论意义

第一，有助于进一步充实国有林区生物质能源产业研究体系。发展生物质能源产业对国有林区实现可持续发展至关重要，现阶段关于国有林区生物质能源的研究较少，尤其以黑龙江省重点国有林区为研究范围的文献更少，研究方向主要集中在发展模式和发展战略，研究方法以定向分析居多。本书以生物质能源产业作为研究对象，采用理论分析与实证研究相结合，定性分析与定量分析相结合的方法，对黑龙江省重点国有林区生物质能源产业发展进行深入研究，提出推进黑龙江省重点国有林区生物质能源产业发展的对策与建议，这对完善林业产业理论研究，丰富国有林区生物质能源产业研究体系都具有积极作用。

第二，有助于拓展 DPSIR 理论模型应用领域。DPSIR 理论模型最早用于环境相关问题研究，随着研究深入，开始用于更广泛研究中。DPSIR 理论模型从"原因—结果"的视角，从驱动力、压力、状态、影响和响应五个维度，分析要素之间的作用关系，强调系统要素之间的因果关系。本书将 DPSIR 理论模型引入生物质能源产业发展研究中，提出生物质能源产业发展"DPSIR"分析范式，解构生物质能源产业发展系统，研究生物质能源产业发展机理，测度生物质能源产业发展水平，拓宽了 DPSIR 理论模型的应用领域。

（二）实践意义

第一，有助于推动黑龙江省重点国有林区生物质能源产业发展进程。发展生物质能源产业是落实国家新能源发展战略的需要，在生物质能源资源十分丰富的情况下，黑龙江省重点国有林区生物质能源产业发展缓慢，还没有形成规模。通过分析黑龙江省重点国有林区生物质能源产业发展机理、识别产业发展关键影响因素，找出林区生物质能源产业发展缓慢的问题所在，针对这些问题提出有效的解决方案，对于促进林区生物质能源产业健康有序发展，加快产业化进程具有现实意义。

第二，有助于黑龙江省重点国有林区经济社会可持续发展。全面停伐政策实施后，黑龙江省重点国有林区传统产业受到巨大冲击，支柱产业缺失，林区职工收入增长缓慢，亟须在发展替代产业、改善民生方面寻求新出路。分析黑龙江省重点国有林区生物质能源产业发展机理、识别产业发展关键影响因素，对于充分利用林区生物质能源资源、增加职工收入、缓解用柴危机、改善林区高消耗和粗放型的发展模式，实现林区"生态—经济—社会"协调发展具有指导意义。

第三节　国内外研究现状

通过在"Web of Science"和"中国知网"等数据库对主题词进行检索，对文献进行归纳总结，对研究内容进行评述，明确现有文献研究方向，奠定本书文献基础，提出本书研究问题。

一、国外研究现状

根据对国外相关研究成果梳理，可将生物质能源产业相关研究归纳为生物质能源供需研究、生物质能源发展效益研究和生物质能源政策研究等方面。通过相关研究成果整理，为本书提供文献支持。

(一) 生物质能源供需研究

从 20 世纪 90 年代中期开始，生物质能源的资源潜力一直是研究热点，研究选取的范围较广，从全球层面、国家层面遍布至地区层面[10-12]。研究方法较多，包括 SEC 模型 (spatially explicit calculations)、GIS 模型 (geographic information system)、GLUE 模型 (multi-regional global-land-use-and-energy model)、RF 模型 (resource-focused approach)、自下而上评估法 (bottom-up approach) 及 GBM 模型 (global biosphere management model) 等[10,13-17]。由于研究方法和情景假设不同，生物质能源资源潜力的估算结果差距较大，就全球农作物秸秆能源资源潜力而言，估算结果范围为 0 - 1272EJ/年[18]。

生物质能源发展受生态、社会、经济及资源等多种因素共同影响，因而生物质能源资源潜力具有很大的不确定性。虽然生物质能源资源潜力的估算结果存在差异，且未来资源潜力存在不确定性，但相关研究表明生物质能源将在未来的能源体系中占有重要地位。生物质能源资源潜力的不确定性主要是受到未来发展不确定的影响，胡吉克等 (Hoogwijk et al., 2003) 指出导致这种不确定的因素主要有六个方面：一是未来粮食需求量不确定，二是未来五十年全球粮食生产系统不确定，三是未来农林生物质能源资源产量不确定，四是未来生物材料使用情况不确定，五是荒地可利用情况不确定，六是土地利用选择不确定（作为农用地还是林地）[19]。这些因素的不确定，都将会影响生物质能源的资源潜力。

生物质能源是否会影响粮食安全被广泛地加以讨论，不同地区研究结果不同[20,21]。研究结果表明：在中国，发展生物燃料计划，会对中国粮食安全产生负面影响[22]；而在埃塞俄比亚，调研数据的定量分析表明，将蓖麻作为生产生物燃料原料，增加种植量，能够提高农户家庭的粮食安全[23]。生物燃料产量增加可能会引起粮食安全问题，同时也能够为农业发展创造机会，主要决定因素是生物燃料的供应价格弹性[24]。

(二) 生物质能源发展效益研究

生物质能源发展效益是影响其产业化的重要因素之一。帕利特等 (Palit et al., 2011) 评估了发展中国家农村地区分散式生物质气化发电项目的经济可行性，研究表明大规模的项目需要财政激励和制度结构来保证实施、运作及发展的可持续性[25]。乌帕迪亚等 (Upadhyay et al., 2012)

分析了加拿大生物质气化发电的经济可行性，发现随着电厂容量和规模的增加，发电成本大幅下降，而生产成本受工厂位置影响很大[26]。达伊兰和西里斯（Daylan and Ciliz, 2016）研究了用不同比例木质纤维素生产燃料乙醇的成本，发现与汽油相比，木质纤维素乙醇生产成本较低[27]。塞欧等（Seo et al., 2017）分析了韩国森林资源丰富的农村，利用林木生物质进行小规模热电联产的经济性，研究表明该项目收益并不可观，税后内部收益率只有12.3%，原料收集成本和热电销售收入是影响其效益最重要的因素[28]。亨德里克斯等（Hendricks et al., 2016）利用投入产出法模拟了生物质区域供热对纽约乡村地区的影响，结果表明每投入100万美元，将会创造12.5个就业岗位[29]。

发展生物质能源具有较好的减排效果。马尔卡和弗雷尔（Malça and Freire, 2012）评估了不同土地利用变化情况下，运输业利用生物乙醇代替汽油后温室气体排放和能源效率的不确定性，结果表明土地利用变化引起土壤中碳排放和耕地中N_2O的释放，导致温室气体排放的不确定性远高于能源可再生性效率值[30]。赵等（Zhao et al., 2016）设计了基于现在和未来生物乙醇转化的三种情景，研究表明1兆焦耳玉米秸秆制生物乙醇能够减少52%~55%的温室气体排放[31]。在印度尼西亚的苏门答腊岛，与棕榈树直接燃烧相比，棕榈油制成的生物质能源每吨能够减少11.701吨CO_2的排放[32]。

生物质能源也可能带来环境负效应，导致水体富营养化、酸化，加剧光化学臭氧层消耗[27,33]。发展生物质能源引起直接或者间接土地利用情况变化，导致了动物栖息地减少、生物多样性降低[34]。但这种影响并不都是负面的，克莱恩（Kline）指出相比密集的农业用地，某些能源植物的种植地能够成为动物栖息地，并为生态系统提供其他支持服务[35]，如利用贫瘠、废弃的土地发展生物质能源，设置多功能生物质能源用地，都会增加生物多样性[36,37]。选择适当能源植物及采取正确的发展战略，能够减轻因发展生物质能源对生态系统和生物多样性造成的负面影响，甚至会对其产生积极影响。

（三）生物质能源政策研究

世界各国出台多种行政法规及财税政策，鼓励发展生物质能源产业。欧洲可再生能源法案要求到2020年运输部门的能源有10%来自生物燃料，其中第二代生物燃料是其他生物燃料的两倍[38]。美国可再生能源标准（Renewable Fuel Standard）要求在2009~2022年第二代和第三代生物燃料占可再生能源总量的58%[39]。日本生物质综合战略提出明确的发展目标，以废弃物为原料的生物质能源换算成碳素80%以上可以被利用，能够生产相当于101万千升的生物燃料，发电量达到33万千瓦[40]。

各国也通过多种财税政策，为生物质能源发展提供资金支持，降低生产成本，增加项目收益，如生物燃料减税、免税及退税政策[41,42]。2011年，美国推出5.1亿美元财政补贴，用于鼓励第二代生物质能源产业发展，并通过政府风险共担机制，为生物质能源企业贷款提供担保，保证其资金的可持续性，这项政策吸引了美国大量传统能源企业进入生物质能源领域[43]。

二、国内研究现状

根据对国内相关研究成果梳理，可将生物质能源产业相关研究成果归纳为生物质能源产业研究现状及生物质能源与黑龙江国有林区协调发展研究现状两方面。通过相关研究成果整理，为本书提供文献支持。

（一）生物质能源产业研究现状

1. 生物质能源供需研究

中国学者对于生物质能源资源潜力的研究始于21世纪，研究初期，多从生物质能源自然特性的角度对资源潜力进行测算，较少地考虑经济、社会和技术等因素的影响[44]。生物质能源资源潜力的测算未形成体系，但仅从供给角度估算是不全面的，更应注重对资源开发技术及市场因素的分析[45]。尹天佑等（2005）指出一些资源既可以作生物质能源原料也有其他利用方式，测算生物质能源资源量时，要充分考虑该资源其他利用方式的经济性、技术可行性及与生物质能源原料的竞争性，可以从理论资源量、可获得资源量和可利用资源量3个层面估算生物质能源资源量[46]。在3个层面的基础上，自下而上评估法被广泛地应用到生物质能源资源潜力测算中，如对林木生物质能源资源量和农作物秸秆能源资源量的估算[47-50]。中国林木生物质能源资源潜力从1993～2013年持续且稳定增加，10年间增长了34.62%，整体上中国林木生物质能源资源潜力巨大，但不同省份差距较大[51]。吕指臣（2016）设计了3种情景测算中国农作物秸秆能源资源潜力，结果表明总体上农作物秸秆能源资源蕴藏丰富，有较大开发潜力，但省份间资源分布差异较大，其中河南、黑龙江、四川、山东等省份农作物秸秆能源资源丰富[52]。

生物质能源原料的选择和持续供应是影响生物质能源产业发展的重要因素之一[53,54]。生物质能源产业发展初期，中国以陈化粮为原料生产燃料乙醇，而这种发展方式有可能对中国的粮食安全构成威胁[55]。生物质能源发展与粮食安全问题被学者激烈探讨，生物质能源原料选择成为研究热点。张锦华等（2008）从玉米生产和供求特征着手，通过动态均衡模型分析指出，以玉米为原料生产燃料乙醇，短期内不会影响粮食安全，但若燃料乙醇产量大幅增加，长期将存在潜在的粮食安全问题[56]。为了避免出现粮食安全问题，非粮作物将是未来原料选择的大方向[4]。中国非粮能源植物主要为甘蔗、木薯、麻风树、油桐、芒属等，是发展生物质能源较为理想的原料[57,58]。近几年，农林废弃物也开始被用作生物质能源原料，这既是对废弃资源的再利用，也能解决粮食安全问题[59]。中国生物质能源原料发展经历了从粮食作物向非粮作物，到剩余物和废弃物的转变。

2. 生物质能源效益评价研究

中国学者分析了生物质能源项目的经济效益和环境效益。于和陶（Yu and Tao，2009）研究了中国3个生物质能源项目的经济可行性，结果表明只有广西天昌投资公司的以木薯为原料生产乙醇项目有正的净现值（8630万元人民币），但如果税率高于20%，净现值将转为负数，可见政府财政补贴对项目经济效益具有重要影响[60]。李世密等（2009）分析了辽宁省能源研究所年产1万吨玉米秸秆颗粒燃料BIO-37型生物质固化成型生产线的经济效益，研究表明项目年利税可达149.5万元，经济效益可观[61]。陈娟（2012）对湖北5家规模不同、生产技术不同的生物质能源企业综合效益进行评估，发现在综合效益上，固体成型企业高于生物质热解气化企业和沼气工程企业，在经济效益和社会效益上，生物质气炭联产企业高于沼气工程企业[62]。张世龙和郑美灵（2013）指出在现阶段电价补贴政策下，生物质发电项目有合理的盈利空间，但秸秆成本对效益影响很大，未来政府可逐步下调上网电价补贴[63]。

张兵等（2011）研究了江苏省3个典型秸秆发电项目，发现秸秆发电企业处于亏损状态的最主要原因是资源环境外部性得不到补偿，如果实现其货币价值，企业将扭亏为盈[64]。徐鹏等（2017）采用物质流分析方法，预测了津京冀地区利用生物质废弃物能源发电污染物排放量变化，研究表明相比传统火力发电，同等发电量下，2014年该地区利用生物质废弃物发电，可减少25.04万吨SO_2排放量，39.93万吨NO_x排放量，4.97万吨PM_{10}排放量[65]。在生物质发电燃烧阶段，CO_2排放量为零，SO_2排放量低于燃煤机组，环境效益优于燃煤发电，气化技术对生物质发电的节能减排具有重要影响[66]。

3. 生物质能源政策研究

中国高度重视生物质能源产业发展，出台了一系列的政策法规。2004年，科技部启动了"十五"国家科技攻关计划、"生物质燃料油技术开发"项目[67]。2006年，"十一五"林业发展规划中提出发展生物质能源产业。2007年，《林业发展中长期规划》提出，到2015年林业生物质能源占可再生能源的1.52%，替代1070万吨标准煤；到2020年，林业生物质能源占可再生能源的2%，替代2025万吨标准煤[68]。2010年国家"十三五"规划和林业发展"十三五"规划，将生物质能源产业列入国家加快培育和发展的战略性新兴产业领域[69]。

同时，中国出台了相应的财税政策来保障生物质能源可持续发展。2006年，《关于发展生物能源和生物化工财税扶持政策的实施意见》提出将制定并实施促进生物质能源与生物化工产业发展的相关财税扶持政策[70]。2010年，发改委发布《关于完善农林生物质发电价格政策的通知》，出台了全国统一的农林生物质发电标杆上网电价（含税）标准0.75/千瓦时[71]。沈等（Shen et al., 2010）指出中国生物质能源产业发展处于初始阶段，上网电价政策可能是最能够促进生物质能源产业发展的政策[72]。

（二）生物质能源与黑龙江国有林区协调发展研究现状

1. 黑龙江国有林区生物质能源发展机遇研究

随着黑龙江国有林区木材产量大幅调减，以采伐剩余物为主要能源、以木材采伐和加工等传统产业为主要收入的林区职工，面临着能源短缺和收入减少的双重压力，解决林区传统产业发展受限问题成为林区发展的重中之重[73]。研究表明在新能源开发中，黑龙江最适宜发展生物质能源[74]。黑龙江省国有林区资源丰富、开发潜力大，发展林木生物质能源，有利于构建多功能的森林生态系统，既能增加清洁能源供应，又能减少环境污染，有助于实现林区可持续发展[75]。黑龙江国有林区各林业局生物质能源发展效率也不相同，生物质能源资源丰富，龙头企业实力雄厚、营林造林效果好、技术人员多、资金投入充足的林业局发展效率较高，而发展效率较低的林业局各方面条件尚未成熟[76]。因而，各林业局要整体推进，协调发展。目前，黑龙江国有林区生物质能源发展的机遇与挑战共存，应以政府政策导向战略为主，科技扶持战略为辅的双重战略，探索林区生物质能源产业发展方向[77,78]。

2. 黑龙江国有林区生物质能源发展战略研究

能源林建设在国家生物质能源发展战略中具有重要作用。孙小东（2007）指出黑龙江国有林区的气候、土壤环境都十分适合文冠果生长，以排油量高达60%以上的文冠果作为生物质能源的原料，有较大的发展潜力，应大力推广文冠果种植[79]。赵超（2011）指出黑龙江国有林区下游有50多万hm^2的蒙古栎树，储备量居东北、内蒙古国有林区之首，以获取木本淀粉为目标进行培育，能迅速形成燃料乙醇产业的木本淀粉原料基地，有助于打造"基地+企业+市场"的完整产业链条，保障黑龙江国有林区生物质能源产业的持续发展[80]。姜洋（2010）构建了黑龙江国有林区生物质能源的二元梯度发展模式，高梯度区域以壮大龙头为主要方向，低梯度区域以深化地区合作为策略[3]。

三、国内外研究述评

通过以上文献梳理，国内外学者在生物质能源产业领域做了大量研究和探讨，取得了理论上及实践上的丰硕成果，为推动国际、国内生物质能源产业发展提供了重要理论指导及实践方法借鉴，也为本书研究奠定了坚实基础。结合黑龙江省重点国有林区生物质能产业发展现状，本书将从以下几个方面入手进行深入研究：

第一，已有研究对原料供需、产业效益和支持政策与生物质能源产业发展的关系进行了分析，但多数是从单个方面研究生物质能源产业发展的影响因素，无法全面地反映生物质能源产业发展状况。本书在现有研究成果基础上，将生物质能源产业发展视为一个系统，根据DPSIR理论模型对其进行解构，从驱动力、压力、状态、影响和响应5个维度，对黑龙江省重点国有林区生物质能源产业发展问题进行研究。

第二，通过梳理相关文献，现有研究表明生物质能源产业具有较好的环境效益和社会效益。全面停伐后，黑龙江省重点国有林区支柱产业缺失、职工收入水平增长缓慢、居民家庭用柴短缺，生物质能源市场需求广泛。丰富的农林生物质能源资源及政府出台的一系列政策，为黑龙江省重点国有林区生物质能源产业发展提供了先决条件。通过实地调研发现，黑龙江省重点国有林区生物质能源产业发展缓慢、发展程度较低，有必要从理论上探究如何推动生物质能源产业发展。因此，本书对黑龙江省重点国有林区生物质能源产业发展机理进行研究。

第三,已有研究对黑龙江省国有林区生物质能源发展模式和发展战略等问题进行了定性分析,这对于掌握黑龙江省重点国有林区生物质能源产业发展情况、制定政策具有一定意义,但定量研究较少,无法针对性地提出对策建议。为此,本书以黑龙江省重点国有林区生物质能源产业发展现状为基础,定量分析影响因素对生物质能源产业发展的作用,运用TOPSIS模型评价生物质能源产业发展水平,引入障碍度模型识别产业发展的关键影响因素,为推动黑龙江省重点国有林区生物质能源产业健康有序发展提供坚实基础。

综上所述,全面停伐后黑龙江省重点国有林区面临支柱产业缺失、经济发展缓慢的困境,以木材采伐和加工为主的传统产业发展受到严重制约,产业结构调整势在必行,充分利用现有资源,寻找新的支柱产业尤为关键。黑龙江省重点国有林区农林剩余物资源丰富,为生物质能源产业发展提供了资源保障,发展生物质能源产业对黑龙江省重点国有林区产业结构转型升级具有重要的现实意义。本书在借鉴前人研究成果的基础上,以黑龙江省重点国有林区为研究范畴,以生物质能源产业为研究对象,以生物质能源产业发展现状和存在的问题为研究起点,梳理生物质能源产业发展影响因素之间的作用关系,构建生物质能源产业发展机理的理论模型并进行验证;在此基础上,进一步剖析影响因素对生物质能源产业发展的整体作用,评价生物质能源产业发展水平,识别产业发展的关键影响因素,为加快黑龙江省重点国有林区生物质能源产业发展进程提供理论与实证支持。

第四节 研 究 设 计

一、研究内容

本书以黑龙江省重点国有林区为研究范畴,以生物质能源产业为研究对象,按"提出问题、分析问题、解决问题"的逻辑思路,进行系统分析和论述,分析生物质能源产业发展机理,梳理生物质能源产业发展影响因素之间的作用关系,测度生物质能源产业发展水平,进一步剖析影响因素对生物质能源产业发展整体的作用。具体研究内容如下：

第一部分，提出问题，包括第一章、第二章和第三章。

第一章，绪论。在黑龙江省重点国有林区全面停伐背景下，系统地阐述研究的必要性、重要性和可行性，提出亟待解决的现实问题和科学问题，明确研究目的与意义；梳理国内外生物质能源产业发展的相关文献，并进行简要评述，为本书奠定了研究基础；概述研究内容、研究方法，并绘制技术路线图；明确本书的创新之处。

第二章，相关概念界定及理论基础阐述。基于已有研究成果，结合研究目的，对黑龙江省重点国有林区、生物质能源和生物质能源产业等核心概念的内涵进行界定，明确研究范畴和研究对象；通过解析研究的理论基础，根据生物质能源产业特点，构建"驱动力—压力—状态—影响—响应"（"DPSIR"）的分析范式。以生物质能源产业发展推动力为研究起点，分析生物质能源产业发展所处状态，研究生物质能源产业发展对林区产生的影响，提出响应措施。

第三章，黑龙江省重点国有林区生物质能源产业发展现状及问题分析。结合实地调研和统计资料，系统地阐述黑龙江省重点国有林区概况、生物质能源资源现状和生物质能源产业现状，找出黑龙江省重点国有林区生物质能源产业发展存在的问题。

第二部分，分析问题，包括第四章、第五章、第六章。

第四章，黑龙江省重点国有林区生物质能源产业发展机理分析。基于"DPSIR"分析范式，从驱动力、压力、状态、影响和响应5个维度，对黑龙江省重点国有林区生物质能源产业发展系统进行解构。在此基础上，界定生物质能源产业发展的影响因素，梳理影响因素间的作用关系，构建黑龙江省重点国有林区生物质能源产业发展机理的理论模型，提出研究假设。

第五章，黑龙江省重点国有林区生物质能源产业发展机理验证。基于第四章提出的黑龙江省重点国有林区生物质能源产业发展机理的理论模型，构建生物质能源产业发展机理的指标体系，对样本数据进行信度和效度检验，运用偏最小二乘结构方程模型，对提出的研究假设进行验证，明确生物质能源产业发展影响因素之间的作用关系，确定黑龙江省重点国有林区生物质能源产业发展机理。

第六章，黑龙江省重点国有林区生物质能源产业发展水平测度。第四章和第五章分析了生物质能源产业发展机理，实质上是对生物质能源产业发展影响因素之间作用路径的检验。本章采用生物质能源产业发展机理辨析出的影响因素，构建生物质能源产业发展评价指标体系，从整体上探索影响因素对生物质能源产业发展的作用。利用TOPSIS模型，评价生物质能源产业发展水平，明确各因素对生物质能源产业发展的影响程度，运用障碍度模型，识别产业发展的关键影响因素。

第三部分，解决问题，包括第七章。

第七章，黑龙江省重点国有林区生物质能源产业发展对策与建议。在前文理论研究和实证分析基础上，从完善生物质能源产业政策、提高生物质能源产业技术创新能力、加强生物质能源产业金融支持力度、健全生物质能源产业市场运行机制和建立生物质能源产业原料保障体系5个方面，提出推动黑龙江省重点国有林区生物质能源产业发展的对策与建议。在技术方面，以双丰林业局热电联产项目为例，设计了生物质能源技术创新演进过程；在原料方面，以利用农作物秸秆能源资源进行生物质发电的企业为例，构建了企业原料收储运体系。

二、研究方法

针对研究的问题，本书采用定性分析与定量分析相结合、规范分析与实证分析相结合的研究手段，在研究的各个章节主要运用文献分析法、实地调查法、系统论方法、结构方程模型方法和TOPSIS模型方法，保证研究的科学性和准确性。

（一）文献分析方法

文献分析方法一直贯穿在整个研究过程中，本书系统地梳理了国内外生物质能源产业相关研究成果，进行了归纳总结，阐述生物质能源产业研究领域的现状、热点及动态，根据不同级别的主题分布，掌握研究进展，理顺研究思路，提出本书所要研究的科学问题，理顺研究思路。通过文献回顾，归纳出大多数学者认可的核心要素，在理论上阐述生物质能源产业发展机理分析、生物质能源产业发展水平测度研究的科学性、有效性和可行性。

（二）实地调查法

本书主要从管理层面和企业层面，进行实地访谈与实地调研。管理层面上，2018年3月至2019年11月，与政府管理部门黑龙江省发展和改革委员会能源综合规划处、新能源可再生能源处的相关人员进行访谈，了解生物质能源发展的总体规划；与林业行业管理部门黑龙江省林业和草原局的森林管理处相关人员进行访谈，了解林区生物质能源项目建设情况；从林业企业管理部门中国龙江森林工业集团有限公司和黑龙江伊春森林集团有限责任公司，获取林区生物质能源资源的原始数据。企业层面上，2018年7月和2019年10月两次深入伊春林区，走访黑龙江伊春森林集团有限责任公司下辖的16个林业局，进行实地调研，获取第一手资料，了解林区生物质能源产业发展的实际情况，与双丰林业局和朗乡林业局生物质能源项目负责人进行深入座谈，了解现阶段生物质能源项目运行过程中存在的问题。

（三）系统论方法

生物质能源产业发展是一个复杂的系统，系统内各影响因素之间存在相互作用的复杂关系。为此，以DPSIR理论模型为基础，提出"DPSIR"分析范式，运用系统论分析方法，解构生物质能源产业发展系统，界定生物质能源产业发展的影响因素，梳理影响因素之间的作用关系，揭示影响因素之间的作用原理和路径，构建黑龙江省重点国有林区生物质能源产业发展机理的分析框架。

（四）结构方程模型方法

结构方程模型能够描述系统中变量之间的多种关系，很好地解释一对多或多对多个自变量与因变量之间的复杂关系。偏最小二乘结构方程模型适用于小样本、非正态分布的探索性研究。利用偏最小二乘结构方程模型，对生物质能源产业发展机理理论模型进行验证，定量分析生物质能源产业发展影响因素之间的作用关系，明确黑龙江省重点国有林区生物质能源产业发展机理。

（五）TOPSIS模型方法

TOPSIS模型是对评价对象与理想化目标接近程度进行排序的多目标决策分析方法，适用于小样本、多指标的复杂系统评价。利用TOPSIS模型，旨在对黑龙江省重点国有林区生物质能源产业发展的影响因素展开深入研究，分析影响因素对生物质能源产业发展整体的作用情况，为有针对性地提出推动黑龙江省重点国有林区生物质能源产业的发展对策建议提供理论支撑。

三、技术路线

根据本书的研究内容，按如下所示的技术路线图1-1展开具体研究：

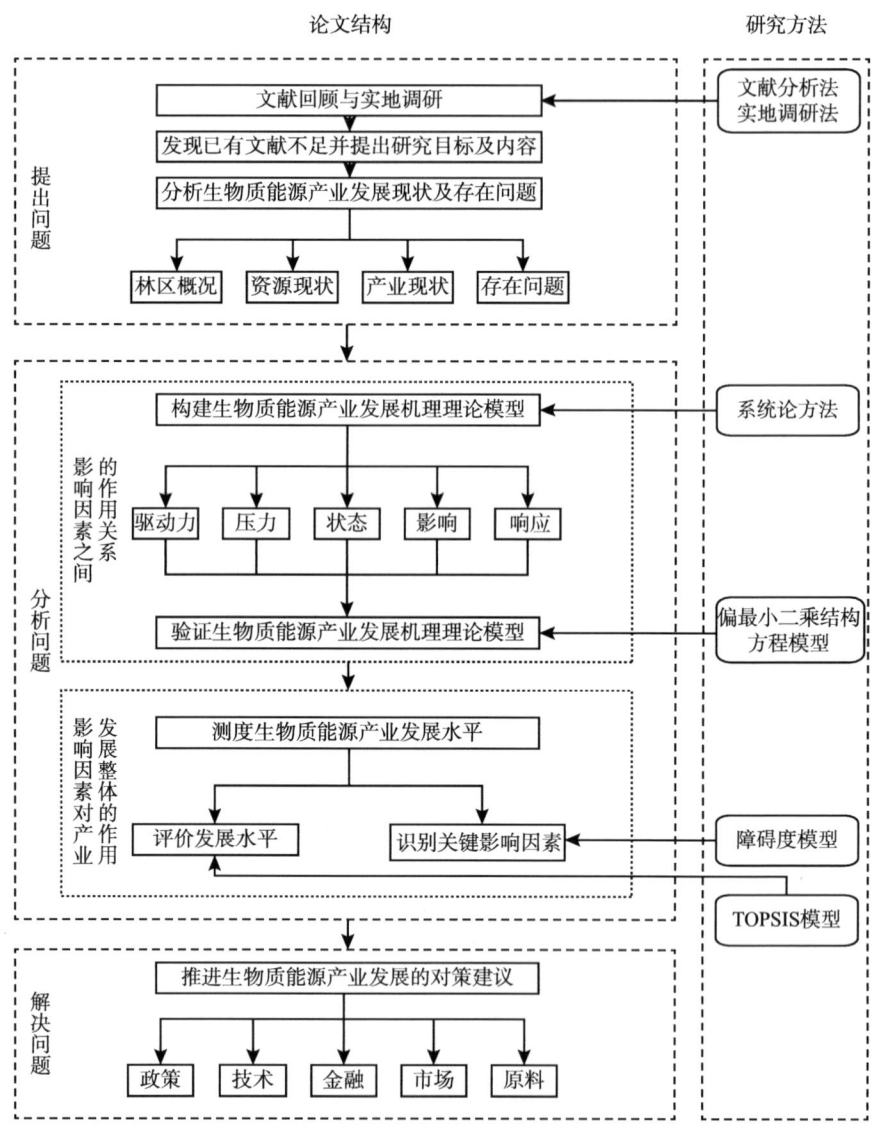

图1-1 技术路线

第五节 本书的创新之处

本书在借鉴国内外研究成果基础上,根据黑龙江省重点国有林区生物质能源产业研究缺少理论分析和定量分析的实际情况,基于 DPSIR 理论模型,明确了生物质能源产业发展机理,梳理生物质能源产业发展影响因素之间的作用关系,测度生物质能源产业发展水平,辨析各影响因素对生物质能源产业发展整体的作用。本书创新之处主要体现在以下三个方面。

一、提出了生物质能源产业发展"DPSIR"分析范式

本书将生物质能源产业发展视为一个复合系统,基于 DPSIR 理论模型,提出生物质能源产业发展的"DPSIR"分析范式,补充了生物质能源产业发展研究的理论体系。"DPSIR"分析范式描述了生物质能源产业发展系统从动因到结果的运行机制,以及系统内物质和能量的传递过程,不仅体现了生物质能源产业发展的推动力和发展情况,也反映了生物质能源产业发展与林区经济社会发展的相互作用关系,同时突出了管理措施对生物质能源产业发展的影响。以生物质能源产业发展推动力为研究起点,分析生物质能源产业发展所处状态,研究生物质能源产业发展对林区产生的影响,提出响应措施。

二、揭示了黑龙江省重点国有林区生物质能源产业发展机理

基于"DPSIR"分析范式,从驱动力、压力、状态、影响和响应 5 个维度,解析了生物质能源产业发展系统,从"原因—结果"的视角,对影响因素之间的作用关系进行了逻辑推导,构建了黑龙江省重点国有林区生物质能源产业发展机理的理论模型,提出研究假设,运用偏最小二乘结构方程模型对理论模型进行验证。与以往研究相比,本书从一种全新视角界定了生物质能源产业发展的影响因素,梳理了影响因素之间的作用关系,揭示了生物质能源产业发展机理。

三、明确了黑龙江省重点国有林区生物质能源产业发展的关键影响因素

黑龙江省重点国有林区生物质能源产业发展得到政府的大力支持,且林区生物质能源资源丰富,在此背景下,生物质能源产业仍发展缓慢、不能形成规模,找出影响生物质能源产业发展的关键因素,对加快产业发展至关重要。本书利用生物质能源产业发展机理理论分析得到的影响因素,选取涵盖生态、经济、社会和产业等方面的指标,分析了各种因素对生物质能源产业发展整体的作用;运用 TOPSIS 模型,评价了生物质能源产业发展水平,运用障碍度模型,识别出产业发展的关键影响因素。与以往研究相比,本书对生物质能源产业发展的影响因素进行了定量研究,有助于针对性地提出促进黑龙江省重点国有林区生物质能源产业发展的对策与建议。

第二章 相关概念界定及理论基础阐述

界定相关概念是研究的前提，阐述理论基础有助于研究的顺利进行。本章界定了研究涉及的核心概念，剖析了研究的理论基础，提出了研究的理论框架，为后续研究提供理论依据和应用支撑。

第一节 相关概念界定

围绕黑龙江省重点国有林区生物质能源产业发展这一研究主题，对黑龙江省重点国有林区、生物质能源和生物质能源产业等核心概念的内涵进行深入分析，加深对上述关键概念的理解和认识，明确本书的研究范畴和研究对象，为完成本书提供支持。

一、黑龙江省重点国有林区

黑龙江省重点国有林区是指黑龙江省森林工业总局管理的经济社会区域，主要分布在小兴安岭、完达山、老爷岭和张广才岭等森林资源比较好的区域。黑龙江省森林工业总局下辖牡丹江、合江、伊春、松花江4个林管局和直属的带岭实验局，共40个林业局，627个林场所及140个处级以上企事业单位。40个林业局分布在黑龙江省10个地市、37个县（市），其中有19个局跨2个以上县（市）。这10个地市具体为：哈尔滨、鸡西、鹤岗、双鸭山、伊春、佳木斯、七台河、牡丹江、黑河和绥化。黑龙江省重点国有林区经营面积1009.8万公顷，占全国国有林区面积的26.61%，占黑龙江省土地面积的22%[81,82]。其中，有林地面积858万公顷，森林总蓄积量8.6亿立方米，森林覆盖率达85.1%。黑龙江省重点国有林区是东北亚陆地生态系统的主体之一，也是东北"大粮仓"的天然生态屏障，是黑龙江、乌苏里江、松花江、绥芬河等四大水系的主要发源地和涵养地，具有重要的生态、经济和社会地位。

2018年黑龙江省森林工业总局改革后成立中国龙江森林工业集团有限公司（黑龙江省森林工业总局）。2018年6月30日，中国龙江森林工业集团有限公司成立，包括原牡丹江林管局、合江林管局和松花江林管局，下辖23个林业局。2018年10月21日，黑龙江伊春森林集团有限责任公司成立，包括原伊春林管局和带岭实验局，下辖共17个林业局、191个林场所及附属林业事业单位。本书研究开展始于黑龙江省森林工业总局改革之前，鉴于此，研究中黑龙江省重点国有林区包括中国龙江森林工业集团有限公司和黑龙江伊春森林集团有限责任公司，共40个林业局所在的经济社会区域（10个地市）。

二、生物质能源

（一）生物质能源定义

"biomass"这个英文单词最早可追溯到1934年，在韦伯词典中指生物量，1971年美国《植物与土壤》杂志首次将"biomass"定义为生物质[84]。中国可再生能源协会将生物质（biomass）定义为：通过光合作用形成的各种有机体，包括动植物和微生物。植物生长过程中吸收空气中的CO_2，并储存在生物质中，形成固碳效果。生物质能源燃烧后产生成的CO_2是原来储存在生物质中的，并不会额外增加空气中的CO_2含量。生物质是唯一的可再生碳源，具有"碳中和"的特性。

1990年，《中国大百科全书农业卷》中给出了生物质能的定义。生物质能（biomass energy）是指以薪柴、秸秆、碳水化合物含量高的作物、油料作物、水生作物、野生植物等为原料，经直接燃烧或加工制成气态、液态或固态燃料而形成的能源[85]。生物质能是太阳能以化学形式储存在生物质中的能量形式，在能源体系中占有重要地位，是仅次于煤炭、石油、天然气等化石能源的第四大能源。

（二）生物质能源特点

生物质能源作为仅次于化石能源的第四大能源，在人类生活和生产中发挥着重要作用，是能源可持续发展的重要组成部分。与传统化石能源相比，具有以下特点：

第一，可再生性。生物质是通过光合作用形成的各种有机体，是一种可再生的碳源，生物质的这种特性，决定了生物质能源的可再生性。生物质能源的原料丰富、种类众多、分布广泛，有利于为生物质能源产业发展提供充足的原料保障。

第二，低污染性。生物质能源是低排放、低污染的清洁能源，其燃烧是一个"碳中和"的过程，将生物质通过光合作用固定的 CO_2，重新放回大气中，不会额外增加空气中 CO_2 的排放量[86]。利用生物质能源替代化石能源，有助于减少温室气体和酸性气体的排放，维持环境中碳含量平衡，改善温室效应，减轻环境污染。

第三，带动性。生物质能源以农林剩余物、禽畜粪便、城市废弃物、有机废水和能源植物等多种资源等为原料，一方面，是对废弃资源的再利用，有利于实现资源的有效利用和循环利用；另一方面，能够延长农业和林业的产业链，实现农业和林业的可持续发展，带动周边相关产业发展，增加地区居民收入，具有重要的经济和社会意义。

（三）生物质能源分类

1. 按生物质能源原料来源

根据原料来源不同，生物质能源可分为林木生物质能源、农业生物质能源、城市废弃物、有机废水、禽畜粪便、能源植物等 6 大类[87]（见图 2-1）。根据张蓓蓓（2018）的估算结果，在所有种类的生物质能源中，农业生物质能源可用量最多，林木生物质能源和禽畜粪便紧随其后[88]。

第 1 类，林木生物质能源。林木生物质能源是指林木生长或生产过程中产生的能源，包括灌木林、经济林、能源林、炭薪林等林木生长剩余物，森林采伐剩余物、造材剩余物和加工剩余等林业"三剩物"，油料树种果实和果壳等林副产品，以及木制品废弃物[89]。

第 2 类，农业生物质能源。农业生物质能源主要包括农作物秸秆和农产品加工剩余物，其资源量受自然环境、农业生产条件和农作物产量影响较大[90]。其中，农作物秸秆是农业生产过程中收获具有经济价值农作物后，剩余不能使用的茎和叶等部分，如粮食作物秸秆、油料秸秆和糖类秸秆等；农产品加工剩余物是农产品加工后剩余的稻壳、棉籽壳、玉米芯、花生壳、甜菜渣和甘蔗渣等废弃物。

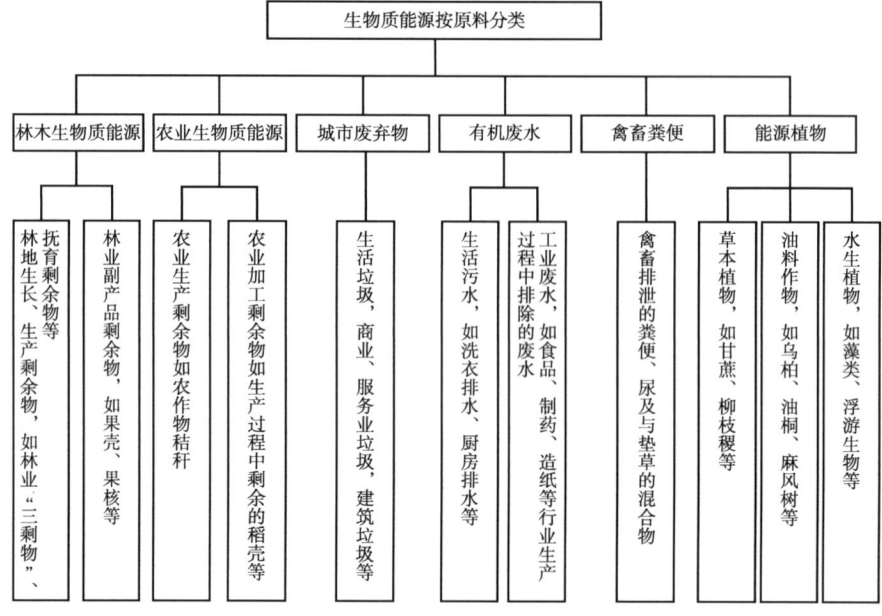

图 2-1　生物质能源按原料分类

第3类，城市废弃物。城市废弃物又称城市垃圾，是由商业垃圾、生活垃圾及建筑垃圾构成的混合物，构成比较复杂且分布较为集中。它受当地自然条件、季节变化、传统习惯、城市建设水平、居民生活水平及能源消费结构影响较大。

第4类，有机废水。有机废水是指含有大量有机废物的生活污水和工业废水。其中，生活污水主要包括居民生活排水和商业排水，如厨卫排水、冷却水等；工业废水是各行业生产过程中排出的废水，包括食品业、屠宰业、酿酒业、造纸业和制糖业等行业的废水。

第5类，禽畜粪便。禽畜粪便是禽畜排出的尿、粪便及与垫草的混合物，由粮食、农作物秸秆及牧草等其他形态的生物质转化而成。中国主要禽畜包括猪、牛和鸡等，其资源量与畜牧业的发展水平密切相关。

第6类，能源植物。能源植物是指通过转化技术，能够直接转化成能源的各类植物，其种类较多，主要可分为3种：草本植物、油料植物和水生植物。草本植物（如柳枝稷等）富含丰富的纤维素，可用于生产燃料乙醇[91]；油料植物包括乌桕、油桐等，可用于生产生物柴油；水生植物可以生产沼气、氢气等多种能源，微藻更被认为是生物柴油最具有潜力的原料[92]。

2. 按生物质能源产品形态分类

根据产品形态不同，生物质能源又可分为生物质固体燃料、生物质液体燃料和生物质气体燃料（见图2－2）。

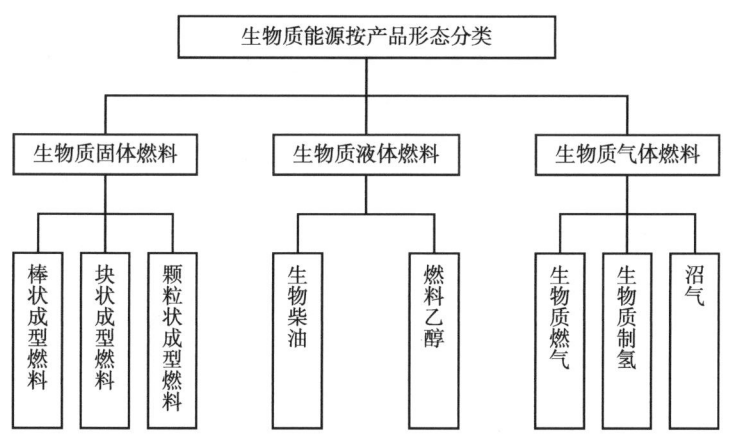

图2－2　生物质能源按产品形态分类

第1类，生物质固体燃料。生物质固体燃料是在高温或常温条件下，将草本类生物质（如农作物秸秆、稻壳等）和木本类生物质（如林木剩余物、木屑等），利用专门设备压缩成特定形状的固体燃料[93]。压缩成型的固体燃料具有较高的密度，可用于工业生产、居民取暖等多种用途。成型技术原理和压缩设备不同，决定了生物质固体燃料的形状和特性，生物质固体燃料又可分为棒型成型燃料、块状成型燃料和颗粒状成型燃料。中国生物质固体成型燃料技术取得了一定进展，生产和应用初步形成规模[94]。

第2类，生物质液体燃料。生物质液体燃料是最具有发展潜力的替代燃料，包括燃料乙醇和生物柴油[95]。燃料乙醇是以糖质和淀粉质（如玉米、甘蔗等）、木质纤维素（如农作物秸秆、稻壳等）及藻类（如微藻、蓝藻等）为原料，通过相关工艺制成的液体能源。生物柴油是利用动植物油脂，生产出的一种分子量与柴油接近的长链脂肪酸单烷基酯，可用来替代柴油和化工原料。

第3类，生物质气体燃料。生物质气体燃料主要包括生物质燃气（秸秆气化）、生物质制氢及沼气[96]。生物质燃气主要以秸秆、稻壳、锯末等为原料，在高温缺氧的热解炉中分解成以CO、H_2等为主的燃气。生物质制氢是以高浓度有机废水或固体废弃物为原料,利用微生物进行厌氧发酵制成氢气。沼气是利用厌氧技术,以动物粪便、有机废水和城市废弃物为原料发酵生产的气体燃料。

(四) 生物质能源范畴

根据实地调研,黑龙江省重点国有林区生物质能源项目的原料多为林木生物质能源资源和农作物秸秆能源资源,因此,本书中黑龙江省重点国有林区的生物质能源是指以林木生物质能源资源和农作物秸秆能源资源为原料的生物质能源。

依据实地调研情况,林木生物质能源资源不包括能源林,这是由于黑龙江省重点国有林区能源林建设时间较短,目前能够利用的林木生物质能源资源主要为林业"三剩物"及森林抚育剩余物。根据黑龙江省重点国有林区特点,结合文献研究[47,97,198]及实地调查情况,将黑龙江省重点国有林区的林木生物质能源资源分为两类(见图2-3):第一类是林地生长剩余物,即未被列入工业用材采伐的低保护级别或非林地生长的林木,包括灌木林平茬剩余物、经济林抚育修枝剩余物和四旁植树抚育修枝剩余物;第二类是林地生产剩余物,即林区在生产、经营过程中产生的林木剩余物,包括森林抚育剩余物、商品林采伐剩余物、林产品加工剩余物及苗木修枝定杆截杆剩余物。

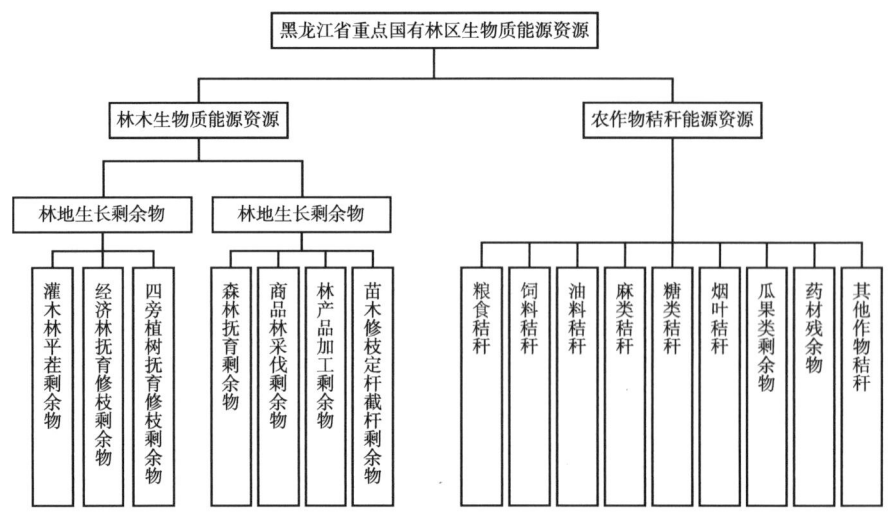

图2-3 黑龙江省重点国有林区生物质能源资源类型[83]

农作物秸秆是农作物成熟、收割后,剩余的茎叶(穗)部分,是农业生产主要的副产品,根据《黑龙江森林工业综合统计资料汇编》,黑龙江省重点国有林区农作物秸秆主要包括粮食秸秆、饲料秸秆、油料秸秆、麻类秸秆、糖类秸秆、烟叶秸秆、瓜果类剩余物、药材残余物、其他作物秸秆,共九大类[99](见图2-3)。

三、生物质能源产业

十八世纪后半叶,产业的概念随着资本主义大机器工业时代出现而产生,其内涵和外延在不同历史时期有着不同范围。马克思认为产业是社会分工的结果,是所有创造剩余价值生产活动的集合(如工业、农业、交通运输业等)。20世纪二十年代,国际劳工局提出了三次产业法的雏形,将所有产业划分为初级生产部门(包括农业、矿业等)、次级生产部门(包括制造业等)和服务部门[100]。1971年,联合国出台了《全部经济活动的国际标准产业分类》,将产业逐层进行划分,形成大项—中项—小项—细项的产业结构,统一了各国的产业分类。1996年,中国学者金碚从3个角度对产业进行了界定,从产出角度上看,产业是同类商品及其可替代商品的集合;从生产角度上看,产业为同类商品及其可替代商品的生产活动合集;从经济实体角度上看,产业为生产经营同类商品及可替代商品的企业集合[101]。综合上述产业概念,产业基本特征是具有统一属性的生产经营活动、商品或服务的集合。

随着经济社会发展和劳动分工细化,产业在不同阶段与发展层次上的表现形式不同,产业结构转换也出现了新要求。技术不断进步,需求发生了变化,新兴产业随之而来。新兴产业是随着技术不断创新而出现的,是指处于发展初期或成长期具有良好市场前景的产业。新兴产业发展需要投入大量研发资金,推动产业技术进步,产品科技含量较高,具有高附加值,代表了未来产业的发展方向。通过对新兴产业的定义可以看出,生物质能源产业属于一种新兴产业。

目前,学术界尚未形成明确的生物质能源产业定义。石元春(2006)提出了狭义性生物质产业概念,生物质产业是以林木和其他植物的残体、边际性土地种植的植物、农作物、禽畜粪便、有机废物及水生植物等可再生或循环的有机物质为原料,通过转化技术生产生物基产品、生物燃料和生物能源等的一种新兴产业[102]。康新凯(2012)将液体生物质燃料产业定义为：从事生物质能源开发利用的企业及其经济活动的集合[103]。

综上所述，结合产业及新兴产业的定义，本书将生物质能源产业定义为：以农林生物质为原料，从事固体生物质能源、液体生物质能源和气体生物质能源开发利用的企业及其经济活动的集合。

第二节 研究理论基础

黑龙江省重点国有林区生物质能源产业发展研究需要科学的理论指导，恰当的理论应用将为研究提供有力支撑。本书以产业经济理论和DP-SIR理论模型为理论基础，保证了研究过程的系统性与合理性，研究结论的可行性和先进性，以及对生物质能源产业发展的指导意义。

一、产业经济理论

（一）产业经济理论内涵

产业经济学是在产业组织理论、产业关联理论、产业结构理论和产业政策理论的基础上发展起来的。20世纪70年代，产业经济学基本理论框架由日本学者提出，但究其根源，产业组织理论可追溯到英国古典政治经济学家亚当·斯密（Adam Smith）《国富论》中提出的自由竞争市场和分工协作原理。产业经济学是研究产业及其发展规律的经济学，研究对象是产业内部各企业之间相互作用关系的规律、跟产业本身的发展规律、产业与产业之间互动联系的规律、产业在空间区域中分布规律及相关的产业政策有关，简单地说，产业经济学的研究对象是具有某类共同特性的企业集合。从产业组织的角度来讲，产业是指生产同类或有密切替代关系的产品或服务的企业集合；从产业关联的角度来讲，产业是指具有使用相同原料、相同工艺技术或生产产品用途相同的企业集合；从产业结构的角度来讲，产业是指具有相同的原料、产品和生产过程特征的企业集合。产业经济学是一门运用经济学理论研究一国范围内同一产业的企业之间的竞争与合作关系，对经济管理绩效影响和相应的公共政策，以及不同产业之间的结构关系和经济技术关联及相应的产业政策的综合性应用经济学科。

（二）产业经济理论特征

产业经济学具有明显的综合性和层次性的特点，各产业本身、产业之间、产业内部存在相互的关联性，产业的分布和产业的发展存在相互依存、相互促进和相互制约的复杂关系。产业经济学的研究内容丰富，主要包括产业分类理论、产业结构理论、产业关联理论、产业布局理论、产业组织理论、产业发展理论、产业规制和产业政策理论。产业之间的关系涉及资源在产业之间的配置状况及其变化，研究产业间关系的根本目的是促进产业间资源的优化配置。产业经济学涉及的内容较多，需要多种研究方法支撑，包括实证研究与规范研究相结合的方法、理论研究与经验研究相结合的方法、动态研究与静态研究相结合的方法、定性研究与定量研究相结合的方法等。

（三）产业经济理论在本书中的应用

本书的研究运用产业经济学的分析思路、相关理论和研究方法，作为黑龙江省重点国有林区生物质能源产业发展机理与水平测度研究的支撑理论。首先，产业结构理论提出的产业结构优化，是黑龙江省重点国有林区发展生物质能源产业的动因。受天保工程和全面停伐政策的影响，林区木材产量不断降低，传统的木材采伐和加工业发展受限，而利用农林剩余物发展生物质能源产业能够提高资源利用转化效率，推动林区的产业结构升级，由低附加值向高附加值、高能耗高污染向低能耗低污染、粗放型向集约型转变，实现林区产业结构的升级。其次，产业组织理论中的规模经济和产品差异化的理念为林区生物质能源产业降低生产成本、提高竞争力指明了方向。林区生物质能源产业的生产成本高已成为制约产业发展的主要因素之一。由于生物质能源项目的规模小，间接地拉高了生产成本，因此，可以通过扩大生产规模达到降低产业生产成本的效果。同时，不同的林业局可以根据自身的资源条件水平，发展适合本地区的生物质能源项目，不仅能够提高自身产品竞争力，也能够促进整个黑龙江省重点国有林区生物质能源产业的发展。最后，产业政策理论为政府发挥主导作用提供了参考依据。生物质能源产业尚属新兴产业，尤其在黑龙江省重点国有林区其规模小、竞争力不强、经济效益不显著，因此，生物质能源产业的发展离不开政策的扶持。这就需要政府出台一系列的法规政策，减小市场信息的不对称，促进林区生物质能源产业的稳步发展。所以，产业经济理论对黑龙江省重点国有林区如何发展生物质能源产业具有指导意义。

二、DPSIR 理论模型

(一) DPSIR 理论模型的演变

驱动力—压力—状态—影响—响应（简称 DPSIR）理论模型是从 PSR（pressure-state-response）模型和 DSR（driving force-state-response）演变而来的。PSR（压力—状态—响应）模型是由加拿大学者拉波特（Rapport）和弗伦德（Friend）提出[104]，用于分析加拿大政府经济预算与环境问题，随后由经济合作与发展组织和联合国环境规划署进一步完善[105,106]，形成了"压力—状态—响应"（PSR）这一逻辑思维方式，用来研究人类活动与生态环境二者的动态关系。"压力"是经济社会活动产生的影响，"状态"是在压力作用下，环境状态变化及经济社会发展状况，"响应"是管理部门为改善当前状况所采取的措施。人类活动导致压力传递，对资源环境造成影响，进而形成政策影响的反馈（见图 2-4）。PSR 模型中压力、状态和响应三者之间具有明确的因果关系，能够反映多种因素对系统的作用机制，反映了系统变化过程和综合性动态传导机制，解释了为什么、是什么和怎么办这三个问题[107,108]。PSR 模型比较适合空间尺度较小的微观领域，能够较好地反映环境类指标的因果关系[109]。但 PSR 模型仍存在一些不足：一是忽视了资源环境系统的复杂性，对于社会经济类指标作用不

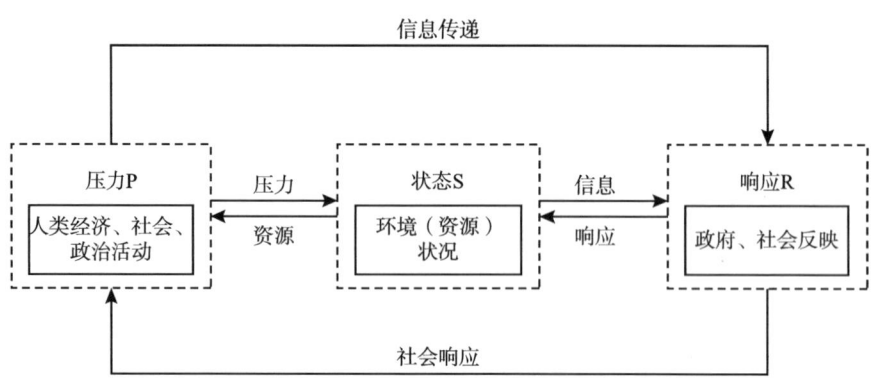

图 2-4　PSR 模型框架（改自文献 108）

大，很难反映环境与经济社会发展之间的相互关系；二是过于关注指标的静态表现，忽略了指标间的动态作用；三是由于缺少行为因素，必须强调人为引起的压力和响应[110]。

DSR（驱动力—状态—响应）模型是在 PSR 模型基础上，由联合国可持续发展委员会开发，用于研究可持续发展问题的概念模型[111]。DSR 模型能够反映驱动力、状态和响应之间的反馈机制，从多角度系统地分析人与环境的相互作用关系，解决环境和可持续发展问题。与 PSR 模型相比，DSR 模型将"压力"转变成"驱动力"，在这种反馈机制中，"驱动力"是"状态"发生变化的根本原因，"状态"是"驱动力"实现的约束条件及"响应"机制制定的基本依据，"响应"是促使"状态"发生变化的重要途径，三者之间形成了因果逻辑关系[112]（见图 2-5）。DSR 模型弥补了 PSR 模型缺乏反映经济社会指标的不足，但对于经济社会指标，仍很难描述因果关系，不能广泛应用于可持续发展的研究中[113]。

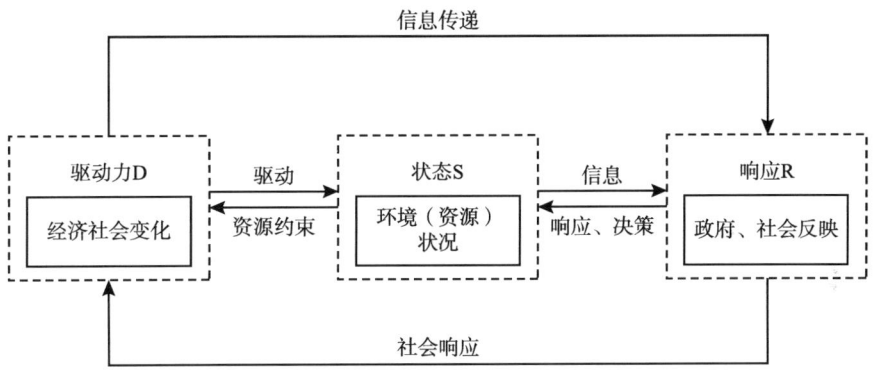

图 2-5　DSR 模型框架（改自文献 137）

（二）DPSIR 理论模型内涵

欧洲环境署在 PSR 模型和 DSR 模型的基础框架上，首次提出并使用了 DPSIR 理论模型[114-116]。DPSIR 理论模型涵盖了社会、经济、环境和政策等因素，建立了"驱动力—压力—状态—影响—响应 DPSIR"的因果关系链[117,118]。人口及经济社会发展作为"驱动力"，对环境（资源）系统产生"压力"，引起环境（资源）系统"状态"改变，进而"影响"环境、经济和社会等方面。这些影响促使人类对这些变化做出"响应"，而"响应"又反作用于"驱动力""压力""状态"和"影响"等因素，形成了具有因果关系的运行机制（见图 2-6）。DPSIR 理论模型最初用于研究资源可持续利用及环境评价等方面的问题，作为资源管理、环境监测和政策制定的分析工具，在生态安全[119]、低碳发展[120]、土地利用[121]、可持续发展[122]等方面发挥了重要作用。DPSIR 理论模型强调系统运作机制及内部影响因素之间的相互作用关系，具有系统性、综合性和灵活性等特点，能够反映系统的因果关系[123,124]。利用 DPSIR 理论模型能够获取相关的指标和信息，保证关键指标和信息不被忽略，形成完整的指标体系，提高政策制定效率[125]。

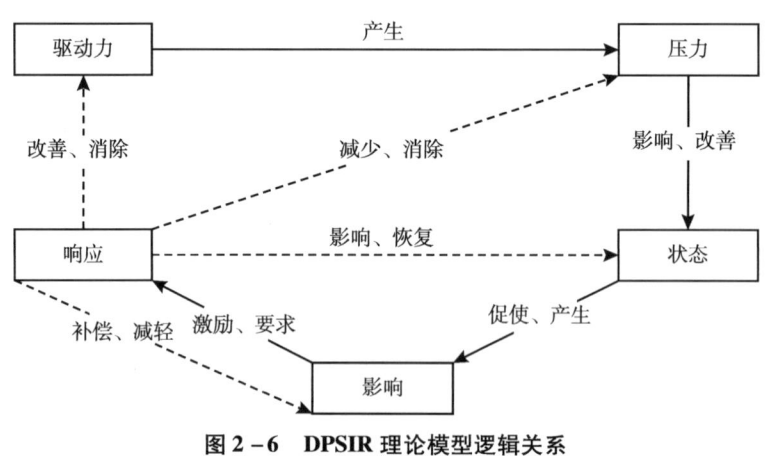

图 2-6 DPSIR 理论模型逻辑关系

（三）DPSIR 理论模型适用性

DPSIR 理论模型能够较好地反映人类经济社会活动与生物质能源产业发展之间的相互作用关系，描述生物质能源产业发展系统的运行机理。DPSIR 理论模型结构清晰、逻辑关系明确，在研究黑龙江省重点国有林区生物质能源产业发展问题时具有如下优势：

第一，DPSIR 理论模型能够体现生物质能源产业发展的因果关系。生物质能源产业发展是多种因素相互作用的结果，研究时既要考虑其生态属性、经济属性、社会属性、产业属性，又要兼顾人类活动（全面停伐）对生物质能源产业的影响。目前，生物质能源产业问题研究大多集中在发展模式和发展战略等方面，难以形成从生物质能源产业发展的诱因—问题—影响—应对措施的完整研究体系。DSPIR 理论模型以全面停伐引起林区经济社会变化的现实状况作为生物质能源产业发展的驱动力，研究由此带来的能源短缺和环境污染压力，描述生物质能源产业状态，分析生物质能源产业发展对林区产生的影响，提出响应方面的对策建议，清晰地展示出生物质能源产业发展"驱动力—压力—状态—影响—响应"的因果关系。从"原因—结果"的视角，对黑龙江省重点国有林区生物质能源产业发展问题展开研究，补充了生物质能源产业研究的理论体系。

第二，DPSIR 理论模型提出了促进生物质能源产业发展的对策建议。一方面，DPSIR 理论模型能够客观地反映生物质能源产业发展现状，探索导致其状态发生改变的原因；另一方面，能够衡量推进生物质能源产业发展措施的有效性[124]。DPSIR 理论模型蕴含较强的管理思想，强调政府等管理部门的重要性，能够体现政府部门对生物质能源产业发展的调控能力。黑龙江省重点国有林区生物质能源产业发展处在初始阶段，受政策影响较大，对政府部门有较强的依赖性。DPSIR 理论模型的响应措施客观地评价了政策的调控效果，有助于政府部门响应措施的不断优化和改进，并对改进后的响应措施再次进行评价。通过这种循环往复的管理方法，有助于黑龙江省重点国有林区生物质能源产业可持续发展。

第三，DPSIR 理论模型为生物质能源产业发展研究提供了新思路。随着 DSPIR 理论模型的内涵不断外延，DPSIR 理论模型被应用到更多研究领域，在生物质能源研究领域也取得了诸多研究成果[126,127]。生物质能源产业发展系统是由若干因素构成的，具有开放性、复杂性和动态平衡性等特征，DPSIR 理论模型能够综合考虑生物质产业发展系统的各种影响因素，以一种新视角梳理影响因素之间的作用关系，从原因到结果形成完整的因果链，全面地反映黑龙江省重点国有林区生物质能源产业发展系统的整体状况及演化规律。

（四）DPSIR 理论模型在本书中的应用

DPSIR 理论模型最早用于研究与环境相关的问题，随着研究的深入，近年来研究领域扩展，研究内容丰富，开始用于企业安全绩效[128]、城市治理现代化[129]、高校创新创业教育[130]、新型城镇化[131]、智慧城市[132]、逆向飞地[133]等方面的研究，但较少用来研究生物质能源的相关问题。孙剑萍和汤兆平（2013）利用 DPSIR 模型分析了江西省生物质燃料的可持续发展水平，研究表明：江西省生物质燃料尚处于可持续发展的初始阶段[126]。于丹等（2016）利用 PSR 模型研究了中国 31 个省（市）林木生物质能源的发展潜力，结果表明：中国各省（市）林木生物质能源发展潜力被分为4个阶层，其中，湖南等7个省（市）位于第1阶层，河南等12个省（市）位于第2阶层，上海等10个省（市）位于第3阶层，西藏和海南位于第4阶层[127]。

本书将生物质能源产业发展视为一个系统，基于DPSIR理论模型，解析生物质能源产业发展系统，界定生物质能源产业发展的影响因素，梳理影响因素之间的作用关系，构建生物质能源产业发展机理的理论模型并进行验证，探索影响因素对生物质能源产业发展的整体作用，测度生物质能源产业发展水平。按照DPSIR理论模型构成要素，划分生物质能源产业发展影响因素的维度，即驱动力（Driving force）-压力（Pressure）-状态（State）-影响（Impact）-响应（Response）的分析范式（简称"DPSIR"分析范式），如图2-7所示。

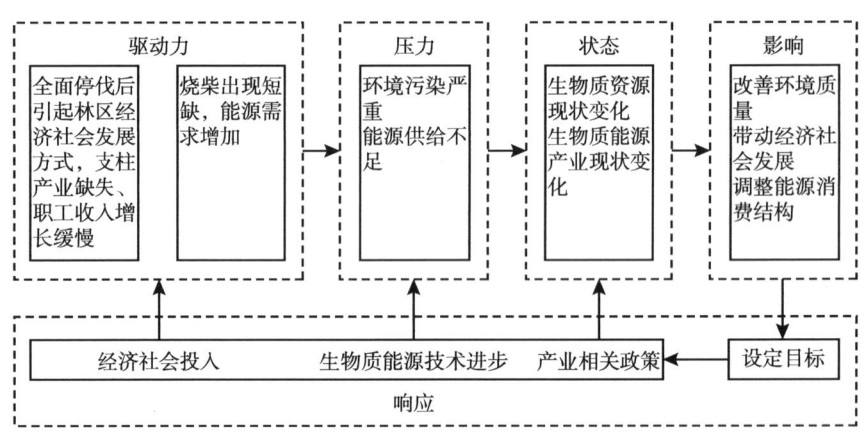

图2-7　生物质能源产业发展的"DPSIR"分析范式

"DPSIR"分析范式描述了生物质能源产业发展系统从动因到结果之间的运行机制，反映生物质能源产业发展过程中的各种功能，不仅体现了生物质能源产业发展的推动力和发展情况，也反映了生物质能源产业发展与林区经济社会发展质之间的相互作用关系，同时突出了管理措施对生物质能源产业发展系统产生的影响。"DPSIR"分析范式具体表现为：全面停伐后林区经济社会发展变化、能源需求增加为作为生物质能源产业发展"驱动力"，产生了环境污染和能源短缺双重"压力"，二者分别作为生物质能源产业发展的间接推动力和直接推动力，引起生物质能源资源和产业"状态"变化，对林区经济社会产生"影响"，促使政府部门对变化做出积极"响应"。"响应"又反作用于"驱动力""压力""状态"和"影响",形成了从动因到结果的运行机制,旨在促进生物质能源产业可持续发展。因此,按照"DPSIR"分析范式,从驱动力、压力、状态、影响和响应五个维度解构黑龙江省重点国有林区生物质能源产业发展系统,以生物质能源产业发展推动力为研究起点,分析生物质能源产业发展所处状态,研究生物质能源产业发展对林区产生的影响,提出响应措施。

第三节 本书理论分析框架

以 DPSIR 理论模型作为本研究的理论基础,构建了生物质能源产业发展的"DPSIR"分析范式,对黑龙江省重点国有林区生物质能源产业发展问题展开研究(见图 2-8)。首先,基于"DPSIR"分析范式,从驱动力、压力、状态、影响和响应五个维度,解构黑龙江省重点国有林区生物质能源产业发展系统,以生物质能源产业发展系统运行过程中的不同功能为依据,界定了生物质能源产业发展的影响因素,结合生物质能源产业特点,阐述影响因素的内涵。

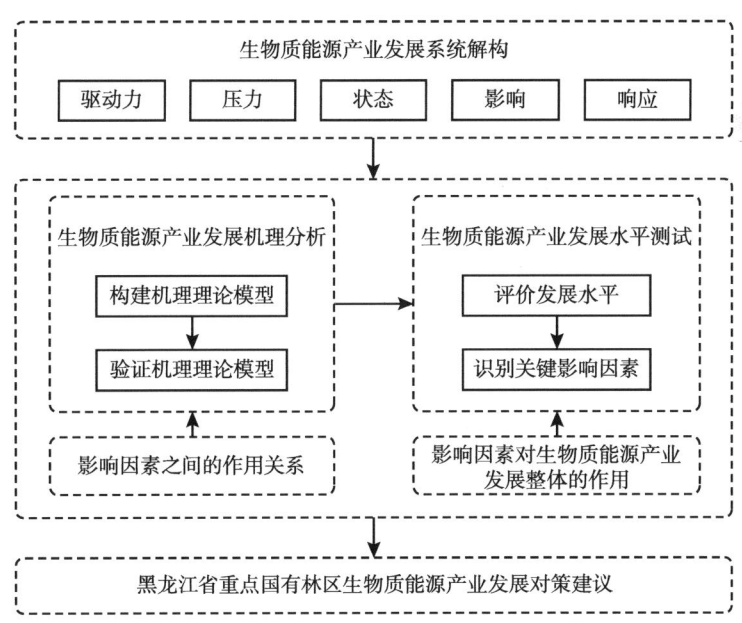

图 2-8 生物质能源产业发展的理论分析框架

其次，构建黑龙江省重点国有林区生物质能源产业发展机理的分析框架。生物质能源产业发展系统是因素按一定作用关系有机结合而成，包含经济、社会、环境、产业等多个维度的因素。因素间的作用关系影响着系统间的结构框架，决定着黑龙江省重点国有林区生物质能源产业发展的综合状况及功能实现能力。鉴于此，根据"DPSIR"分析范式，梳理生物质能源产业发展影响因素间的作用关系，对其进行归纳总结，找出主要的、具有代表性的作用关系，构建黑龙江省重点国有林区生物质能源产业发展机理的理论模型。随后，对生物质能源产业发展影响因素间的作用关系进行数量化研究，描述系统内物质和能量的交互状况，辨析其作用路径及影响力度，从而验证黑龙江省重点国有林区生物质能源产业发展机理的理论模型。

最后，测度黑龙江省重点国有林区生物质能源产业发展水平。黑龙江省重点国有林区生物质能源产业发展机理的分析，实质上是对生物质能源产业发展影响因素之间作用路径的检验。在此基础上，进一步探索影响因素对生物质能源产业发展整体的作用，从驱动力、压力、状态、影响和响应五个维度，明确各因素对生物质能源产业发展的影响程度，厘清产业发展的关键影响因素，即对生物质能源产业发展水平进行测度，提升评价研究的科学性和契合性，为提出推进黑龙江省重点国有林区生物质能源产业发展的对策建议提供依据。

第四节 本章小结

本章旨在为黑龙江省重点国有林区生物质能源产业发展研究提供理论依据，支撑后续发展机理分析和发展水平测度。首先，界定了黑龙江省重点国有林区、生物质能源、生物质能源产业等核心概念，明确了本书的研究范畴和研究对象。其次，概述了产业经济理论和 DPSIR 理论模型对黑龙江省重点国有林区生物质能源产业发展研究的指导作用。再次，根据 DPSIR 理论模型，提出了生物质能源产业发展的"DPSIR"分析范式，从驱动力、压力、状态、影响和响应五个维度解构黑龙江省重点国有林区生物质能源产业发展系统，以生物质能源产业发展推动力为研究起点，分析生物质能源产业发展所处状态，研究生物质能源产业发展对林区产生的影响，并提出响应措施。最后，构建了"生物质能源产业发展系统解构—生物质能源产业发展机理分析—生物质能源产业发展水平测度"的逻辑分析框架，按照"影响因素之间的作用关系—影响因素对生物质能源产业发展整体的作用"这一逻辑框架展开研究。

第三章　黑龙江省重点国有林区生物质能源产业发展现状及问题分析

为了更好地展开研究，本书通过实地调研和统计资料相结合的方法，对黑龙江省重点国有林区概况、黑龙江省重点国有林区生物质能源资源现状和黑龙江省重点国有林区生物质能源产业现状及存在的主要问题进行了全面系统的阐述，为后续章节奠定基础。

第一节　黑龙江省重点国有林区概况

黑龙江省重点国有林区发展生物质能源产业既是对资源的充分利用，又能够提高林区职工收入、助力林区经济转型，具有双重作用。本书从自然、经济和社会方面，对黑龙江省重点国有林区的基本情况进行阐述和分析。

一、自然资源概况

根据黑龙江省重点国有林区统计数据，2017年黑龙江省重点国有林区森林覆盖率为85.1%，比2002年的81.9%提高了3.2%。[①] 2017年活立木总蓄积为94679万立方米，比2002年的61597万立方米提高了53.7%。其中，2017年天然林活立木总蓄积83772万立方米，比2002年提高了58.1%；2017年人工林活立木总蓄积10907万立方米，比2002年提高了24.9%。2017年森林抚育面积为54万公顷，比2002年提高了42.1%。

总体上看，自天保工程实施以来，黑龙江省重点国有林区的森林资源得到了很好的恢复，不论数量还是质量都得到了实质性提升，尤其是天然

[①] 朱震锋：《全面停伐后黑龙江国有林区改革的创新机制研究》，载《东北林业大学》，2019年。

林资源更为明显。森林资源增加得益于天保工程及全面停伐政策,这为黑龙江省重点国有林区发展生物质能源产业发展提供了丰富的林木资源基础。

二、经济发展概况

黑龙江省重点国有林区林业总产值从 2005 年的 149.8 亿元增加到 2017 年的 587.5 亿元,年均增长率为 12.1%(见图 3-1)。从图 3-1 可以看出,2014 全面停伐政策实施,林区林业总产值出现下降,2015 年恢复增长。从第一、第二和第三产业占比看,第一产业和第三产业的产值逐年增加,年均增长率分别为 9.6% 和 19.7%,第二产业产值在全面停伐后持续降低,到 2017 年再次小幅上升,但仍未达到全面停伐之前的水平。

综合来看,黑龙江省重点国有林区林业总产值呈上升趋势,但年均增长率不高,第三产业规模扩大、产值增长为林业总产值增加做出了贡献,尤其是在全面停伐后,在第一产业产值基本保持稳定,第二产业产值下降的情况下,第三产业产值增加成为林业总产值增加的主要动力。虽然黑龙江省重点国有林区林业总产值增加,但缺少支柱产业,经济发展动力不足,仍需挖掘新的支柱产业。

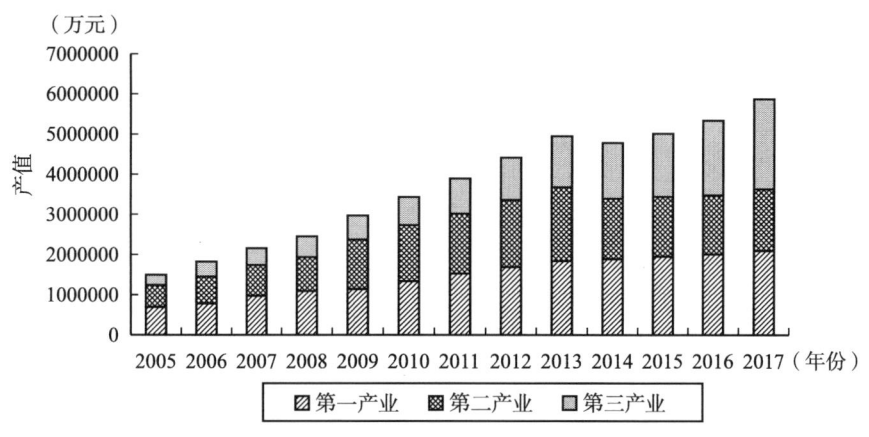

图 3-1　2005~2017 年黑龙江省重点国有林区三产产值

三、社会发展概况

从职工收入水平看,2005~2017年黑龙江省重点国有林区职工收入水平逐年增加,2017工资为34070元,比2005年的4782元增长了7倍(见图3-2)。但与黑龙江省城镇非私营单位工资水平相比还有一定差距,比2017年黑龙江省城镇非私营单位的平均工资56067元低了39.2%。从人均可支配收入看,2014年黑龙江省重点国有林区家庭人均可支配收入为19478元(数据来自《2014年重点国有林区民生状况调查报告》),比同期黑龙江省人均可支配收入22609元(数据来自《黑龙江统计年鉴》)低了13.8%。

总体上看,近年来黑龙江省重点国有林区职工工资水平持续增加,居民生活有所改善,但与黑龙江省平均水平相比,工资收入及家庭可支配收入仍有较大差距。受天保工程和全面停伐政策影响,黑龙江省重点国有林区传统木材采伐和加工产业发展受限,企业经济发展缓慢、经济效益不佳,民生状况堪忧,需要寻找新的经济增长点,提高职工收入水平,改善居民生活水平。

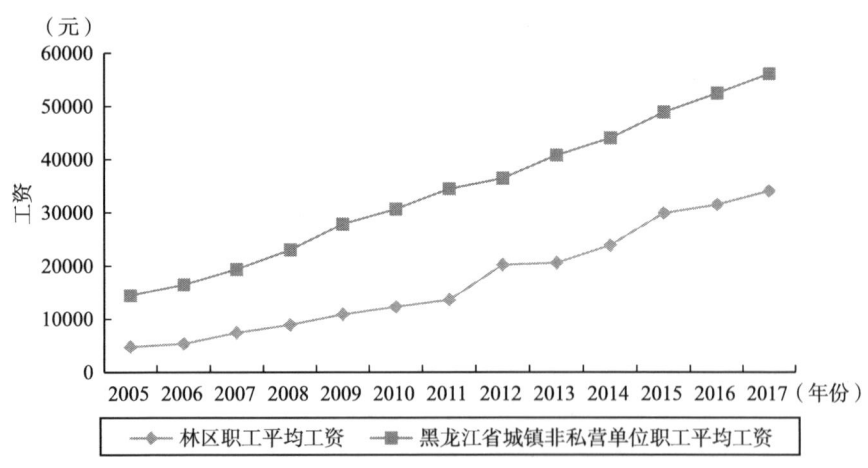

图3-2 2005~2017年黑龙江省重点国有林区职工工资与黑龙江省非私营单位职工工资比较

第二节　黑龙江省重点国有林区生物质能源资源现状

根据第二章对本书生物质能源范畴的界定（见图 2-4），黑龙江省重点国有林区生物质能源资源主要包括林木生物质能源资源和农作物秸秆能源资源。资源是生物质能源产业发展的基础，要了解黑龙江省重点国有林区生物质能源产业现状，首先要了解黑龙江省重点国有林区生物质能源资源现状。因此，本节以林木资源量和农作物产量为原始数据，分别计算林木生物质能源资源量和农作物秸秆能源资源量，明确黑龙江省重点国有林区生物质能源资源量状况及变化趋势。

一、林木生物质能源资源量现状

黑龙江省重点国有林区林木生物质能源资源包括灌木林平茬剩余物、经济林抚育修枝剩余物和四旁植树抚育修枝剩余物等林地生长剩余物，以及森林抚育剩余物、人工商品林采伐剩余物、林产品加工剩余物和苗木修枝定杆截杆剩余物等林地生产剩余物。林木生物质能源资源量不考虑其他用途、理论上可作为生物质能源使用的林木生物质资源数量。目前，黑龙江省重点国有林区缺少林木生物质能源资源量的统计数据，本书根据黑龙江省重点国有林区林地面积和林产品产量（详见附表 A-1），计算了 2005~2017 年黑龙江省重点国有林区林木生物质能源资源量，具体结果见表 3-1。

根据计算结果可知，2005~2017 年黑龙江省重点国有林区林木生物质能源资源量出现波动，2017 年为 95.90 万吨，比 2005 年相比下降了 13.90 万吨，年均降幅为 1%，这主要是受天保工程和全面停伐政策影响。尽管如此，林木生物质能源资源仍为黑龙江省重点国有林区生物质能源产业发展提供了充足原料。全面停伐前，商品林采伐剩余物和林产品加工剩余物占林木生物质能源资源比重较大，停伐后，商品林采伐只剩天然林抚育伐和人工林采伐，导致商品林采伐剩余物和加工剩余物大幅下降。为了全面反映 2005~2017 年各林木生物质能源资源量的变化趋势，全面停伐后仍将商品林采伐剩余物和林产品加工剩余物作为林木生物质能源资源的细分种类。林木生物质能源资源量的具体计算过程及结果分析如下：

表 3-1　　2005~2017 年黑龙江省重点国有林区林木生物质能源资源量

单位：万吨

资源类型	经济林抚育修枝剩余物资源量	灌木林平茬剩余物资源量	四旁植树抚育修枝剩余物资源量	森林抚育剩余物资源量	商品林采伐剩余物资源量	林产品加工剩余物资源量	苗木修枝定杆截杆剩余物资源量	林木生物质能源资源量
2005	0.25	3.79	0.24	23.62	57.41	16.42	8.07	109.80
2006	0.23	2.81	0.56	22.38	57.65	13.58	5.92	103.13
2007	0.27	2.50	0.17	22.72	57.19	14.06	4.26	101.17
2008	0.27	2.41	0.15	21.03	57.80	20.79	4.21	106.66
2009	0.22	1.91	0.22	22.88	56.77	14.60	3.41	100.01
2010	0.20	1.84	0.17	24.00	57.93	20.46	3.10	107.70
2011	0.17	1.80	0.12	78.51	23.78	15.85	3.20	123.43
2012	0.17	1.05	0.13	80.45	18.77	14.37	4.79	119.73
2013	0.17	1.68	0.13	78.09	11.08	21.32	4.66	117.13
2014	0.16	2.39	0.11	77.17	7.78	14.41	4.49	106.51
2015	0.16	2.39	0.07	78.99	0.57	3.90	3.29	89.37
2016	0.16	2.18	0.05	82.05	0.93	3.52	3.37	92.26
2017	0.16	2.18	0.04	85.75	0.86	4.29	2.62	95.90

注：表中数值根据附表 A-1 计算得到。

（一）林木生物质能源资源量计算方法

以黑龙江省重点国有林区林地面积和林产品产量为原始数据，乘以相应的折算系数，计算得到林木生物质能源资源量，计算公式为：

$$FR_{ei} = FR_i \times r_i \times e_i$$

$$FR_e = \sum_{i=1}^{n} FR_{ei} \qquad (3-1)$$

式（3-1）中，FR_e 为林木生物质能源资源量，FR_{ei} 为第 i 类林木生物质剩余物资源量，FR_i 为第 i 种林木林地面积或第 i 种林产品产量，r_i 为第 i 类资源的剩余物折算系数，e_i 为第 i 类剩余物资源的可能源化利用系数。

(二) 折算系数的确定

采用自下而上评估法时,折算系数对结果有至关重要的影响。由于不同种类的林木生物质资源可作为能源利用的部位和比例不同,确定折算系数是估算林木生物质能源资源量的关键。通过分析代表性文献,确定了黑龙江省重点国有林区林木生物质资源的剩余物折算系数和可能源化利用系数,以保证林木生物质能源资源量计算结果的准确性。表3-2和表3-3列出了代表性文献的研究结果,林木生物质资源剩余物折算系数和可能源化利用系数差别不大,本书取代表性文献研究结果的平均值。

表 3-2   林木生物质能源资源剩余物折算系数

资源类型	刘刚等[134]（2007）	潘小苏[48]（2014）	张卫东等[98]（2015）	于丹[135]（2016）	本研究取值
经济林抚育修枝剩余物 t/hm²	—	7.200	7.200	7.200	7.200
灌木林平茬剩余物 t/hm²	—	3.300	3.320	3.300	3.300
四旁植树抚育修枝剩余物 kg/株	2.000	1.300	2.000	2.00	1.825
森林抚育剩余物 t/hm²	7.200	—	7.200	7.200	7.200
商品林采伐剩余物 t/m³	0.468	0.676	0.580	0.468	0.548
林产品加工剩余物 t/m³	0.310	0.200	0.200	0.306	0.254
苗木修枝定杆截杆剩余物 kg/株	0.125	0.125	0.125	0.125	0.125

表 3-3   林木生物质能源资源可能源化利用系数   单位:%

资源类型	潘小苏[48]（2014）	张卫东等[98]（2015）	本研究取值
经济林抚育修枝剩余物	20	20	20
灌木林平茬剩余物	56	56	56
四旁植树抚育修枝剩余物	33	33	33
森林抚育剩余物	22	22	22
商品林采伐剩余物	26.10	26.14	26.12
林产品加工剩余物	26.14	26.14	26.14
苗木修枝定杆截杆剩余物	67	67	67

（三）林木生物质能源资源量计算结果及分析

2005~2017年，黑龙江省重点国有林区林木生物质能源资源总体上小幅下降，发展过程大致可分为两个阶段：2005~2011年为波动上升期，林木生物质能源资源量由2005年的109.80万吨增加至2011年的123.43万吨，达到最高点；2011~2017年为波动下降期，从2011年的峰值降至2015年的最低点89.37万吨，之后再度小幅上升至2017年的95.90万吨（见图3-3）。2005~2017年，经济林抚育修枝剩余物资源量、灌木林平茬剩余物资源量和四旁植树抚育修枝剩余物资源量占林木生物质能源资源量比重较小，三者比较稳定，变化幅度不大。林产品加工剩余物资源量和苗木修枝定杆截杆剩余物资源量小幅下降，但对林木生物质能源资源量影响较小，而商品林采伐剩余物资源量和森林抚育剩余物资源量有较大变化。

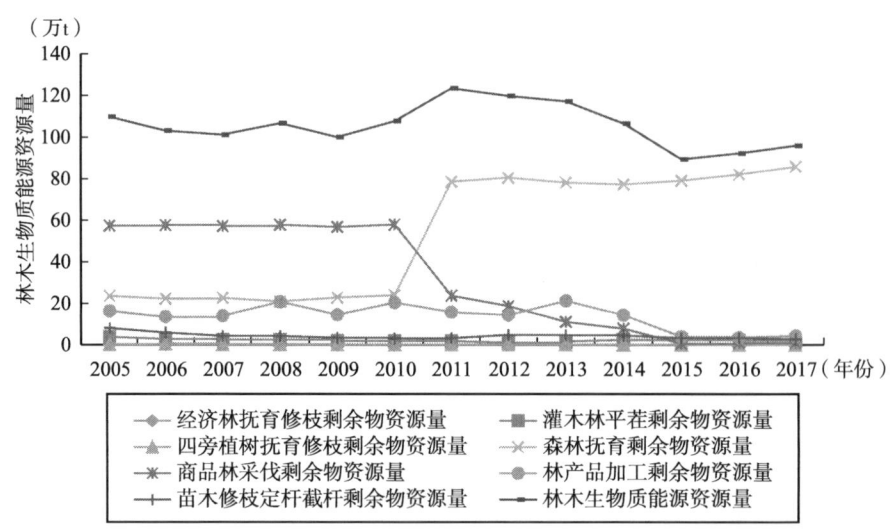

图3-3　2005~2017年黑龙江省重点国有林区林木生物质能源资源量变化趋势

第一，商品林采伐剩余物资源量急剧下降。2005年，商品林采伐剩余物资源量占林木生物质能源资源量比重最大，约为52%，但从2011年开始大幅下降，2017年占比降至1%，由2005年的57.41万吨降至2017年的0.86万吨，年均降幅约为30%。这是受林业政策变化影响，"天保工程"一期、二期政策出台，导致商品林采伐剩余物资源量2011年骤降。

2014年,全面停伐政策开始试点,商品林采伐剩余物资源量继续降低。

第二,森林抚育剩余物资源量大幅增加。森林抚育剩余物资源量取代了商品林采伐剩余物资源量成为最主要的林木生物质能源资源,从2005年的23.62万吨增加至2017年的85.75万吨,占林木生物质能源资源量的比重从2005年的22%,增加到2017年的89%,年均增幅约为11%。"天保工程"一期森林资源恢复效果明显,2011年森林抚育剩余物资源量比2005年增加了3倍多。全面停伐政策实施后,森林资源保有量继续上升,2014~2017年森林抚育剩余物资源量年均增长率为2%。

二、农作物秸秆能源资源量现状

农作物秸秆是农作物收割后剩余的茎叶(穗)部分,是农业生产的副产品,主要包括粮食作物秸秆、饲料作物秸秆、油料作物秸秆、麻类作物秸秆、糖类作物秸秆、烟叶作物秸秆、瓜果类剩余物、药材残余物、其他作物秸秆,共9大类。农作物秸秆能源资源量是不考虑其他用途、理论上可作为生物质能源使用的农作物秸秆资源数量。目前,黑龙江省重点国有林区农作物秸秆能源资源量并没有统计,本书根据黑龙江省重点国有林区农作物产量(详见附表A-2),计算了2005~2017年黑龙江省重点国有林区农作物秸秆能源资源量,具体结果见表3-4。根据计算结果可知,2005~2017年,黑龙江省重点国有林区农作物秸秆能源资源量稳步上升,从2005年的32.34万吨增至2017年的63.27万吨,增长了近1倍,年均增幅为6%,为黑龙江省重点国有林区生物质能源产业发展提供了原料保障。农作物秸秆能源资源量的具体计算过程及结果分析如下:

表3-4　　　　　2005~2017年黑龙江省重点国有林区
农作物秸秆能源资源量　　　　　　单位:万吨

年份	资源类型								
	粮食秸秆资源量	饲料秸秆资源量	油料秸秆资源量	麻类秸秆资源量	糖类秸秆资源量	烟叶秸秆资源量	药材残余物资源量	蔬菜瓜果剩余物资源量	其他作物秸秆资源量	农作物秸秆能源资源量
2005	18.51	7.94	1.79	2.53	0.02	0	0.62	0.92	0	32.34
2006	22.00	10.87	1.50	0.14	0.03	0.01	0.62	0.74	0	35.92

续表

年份	资源类型									
	粮食秸秆资源量	饲料秸秆资源量	油料秸秆资源量	麻类秸秆资源量	糖类秸秆资源量	烟叶秸秆资源量	药材残余物资源量	蔬菜瓜果剩余物资源量	其他作物秸秆资源量	农作物秸秆能源资源量
2007	25.30	6.78	1.36	1.33	0.03	0.01	0.69	0.62	0.25	36.37
2008	28.79	3.88	1.93	0.83	0.01	0	0.82	0.59	0.73	37.59
2009	28.91	2.58	3.82	1.64	0	0	0.55	0.42	0.94	38.85
2010	35.25	2.17	2.22	1.21	0	0.02	0.70	0.28	0.50	42.35
2011	42.06	1.38	2.02	0.02	0.01	0.02	0.56	0.26	0.28	46.61
2012	50.77	1.26	2.29	0.03	0.02	0.02	0.66	0.29	0.51	55.87
2013	53.44	1.11	2.33	0	0	0.02	0.74	0.26	0.54	58.43
2014	58.99	0.92	2.18	0	0	0.02	0.58	0.25	0.90	63.84
2015	62.60	0.67	2.02	0	0	0.01	0.01	0.52	0.17	0.57	66.57
2016	74.15	0.42	2.01	0.01	0	0	0.62	0.12	2.08	79.42
2017	53.84	0.27	7.94	0.01	0	0	0.43	0.05	0.72	63.27

注：表中数值根据附表A-2计算得到。

（一）农作物秸秆能源资源量计算过程

以黑龙江省重点国有林区农作物产量为原始数据，乘以相应的折算系数，得到农作物秸秆能源资源量，计算公式为：

$$CR_{ei} = CY_i \times p_i \times c_i \times e_i$$

$$CR_e = \sum_{i=1}^{n} CR_{ei} \qquad (3-2)$$

式（3-2）中，CR_e 为农作物秸秆能源资源量，CR_{ei} 为第 i 类农作物秸秆能源资源量，CY_i 为第 i 类农作物产量，p_i 为第 i 类农作物的草谷比系数，c_i 为第 i 类农作物秸秆的可收集系数，e_i 为第 i 类农作物秸秆的可能源化利用系数。

（二）农作物秸秆折算系数确定

草谷比系数也称产量系数或经济系数，是指通过田间试验和观测得到的常数。它是农作物秸秆产量估算的关键因素,不同地区及品种的农作物草谷比系数会有差异。梳理相关文献发现草谷比系数的差异较大,究其原因可能为以下几点:一是,农作物处于不同生长阶段,导致草谷比系数有差异;二是,农作物成熟过程中是否有足够技术投入会影响草谷比系数;三是,同一种农作物的不同品种会导致草谷比系数有细微的差别[136]。文献侧重点不同,草谷比系数也有较大差异,基于上述原因,本书草谷比系数取这些文献的平均值(见表3-5)。王亚静等[137]、毕于运[138]充分考虑了农田微地貌、耕作制度、收获习惯及方式等影响因素,确定了农作物秸秆可收集系数,本书农作物秸秆可收集系数取二者的平均值(见表3-6)。蔡亚庆等[139]计算了除去其他用途,中国各省份农作物秸可能源化利用系数,研究表明黑龙江省农作物秸秆可能源化利用系数为40%。

表3-5　　　　　　　　　　农作物秸秆草谷比系数

资源类型	刘刚等[134] (2007)	毕于运[138] (2010)	蔡亚庆等[139] (2011)	Qiu等[136] (2014)	本研究取值
水稻	1.00	0.95	0.90	1.30	1.04
小麦	1.10	1.30	1.16	0.95	1.13
玉米	2.00	1.10	1.75	1.25	1.37
大豆	1.70	1.60	1.54	1.50	1.59
其他豆类	1.70	1.60	1.54	1.50	1.59
马铃薯	1.00	0.96	0.70	0.73	0.85
大麻	1.70	3.00	2.50	2.20	2.35
亚麻	1.70	1.10	2.50	2.00	1.83
甜菜	0.10	0.07	—	—	0.09
花生	1.50	1.50	1.94	2.00	1.74
油菜	3.00	2.70	2.04	2.00	2.45
芝麻	2.00	2.80	2.04	2.00	2.21
向日葵	2.00	2.80	2.04	2.00	2.21
其他油料	—	2.00	—	—	2.00
烟叶	—	1.60	—	—	1.60
蔬菜瓜果	—	0.10	—	—	0.10

续表

资源类型	刘刚等[134]（2007）	毕于运[138]（2010）	蔡亚庆等[139]（2011）	Qiu 等[136]（2014）	本研究取值
药材	—	—	—	—	1.17
其他作物	—	—	1.17	—	1.17

20世纪七、八十年代中国的展叶型玉米，草谷比取值多为2.0，随着品种改良和生产水平的提高，玉米单产水平大幅度提高，玉米草谷比大幅度降低所以本研究玉米草谷比的取值为后三位研究者的平均值。

表3-6　　农作物秸秆可收集系数

资源类型	王亚静等[137]（2010）	毕于运[138]（2010）	本研究取值
谷物	0.83	0.81	0.82
豆类	0.88	0.56	0.72
薯类	0.80	0.73	0.78
麻类	0.87	0.84	0.86
糖类	0.88	0.89	0.89
油料	0.85	0.73	0.79
烟秆	0.90	0.95	0.93
蔬菜瓜果	0.60	0.50	0.55
药材	0.50	0.50	0.50
其他作物	0.80	—	0.80

（三）农作物秸秆能源资源量计算结果及分析

2005~2017年，黑龙江省重点国有林区农作物秸秆能源资源量整体呈上升趋势。2005~2016年，农作物秸秆能源资源量稳步上升，2016年达到峰值79.42万吨，2017年出现小幅下降（见图3-4）。研究期间，粮食作物秸秆是农作物秸秆的主要来源，粮食作物秸秆资源量占农作物秸秆能源资源量比例大幅度增加，2015年占比达到94%。饲料作物秸秆资源量、麻类作物秸秆资源量和蔬菜瓜果剩余物资源量出现一定幅度下降，油料作物秸秆资源量、糖料作物秸秆资源量、药材残余物资源量和其他作物秸秆资源量基本保持稳定。农作物秸秆能源资源量受粮食作物秸秆资源量影响较大，二者变化趋势高度吻合。除粮食作物外，其他几大类作物秸秆资源量占农作物秸秆能源资源量比重较小，资源量变化对农作物秸秆能源资源量影响不大。

2005~2017 年，黑龙江省重点国有林区粮食作物秸秆资源量迅速上升，引起农作物秸秆能源资源量大幅度增加，年均增长率约为 6%。其原因有以下两点：一是，黑龙江省重点国有林区传统木材产业受天保工程和全面停伐政策影响不断萎缩，农业作为替代产业应运而生，农作物产量增加，农作物秸秆能源资源量随之增加。二是，国家 2004 年开始实施粮食补贴政策，促进了粮食增产增收，粮食作物秸秆资源量大幅增加，促使农作物秸秆能源资源量稳步上升。2017 年黑龙江省重点国有林区农作物秸秆能源资源量出现小幅下降，也是受粮食秸秆资源量下降影响。由于 2017 年黑龙江省春季阶段性低温，夏季连续降雨、高温，天气因素导致水稻和小麦减产，农作物秸秆能源资源量减少。

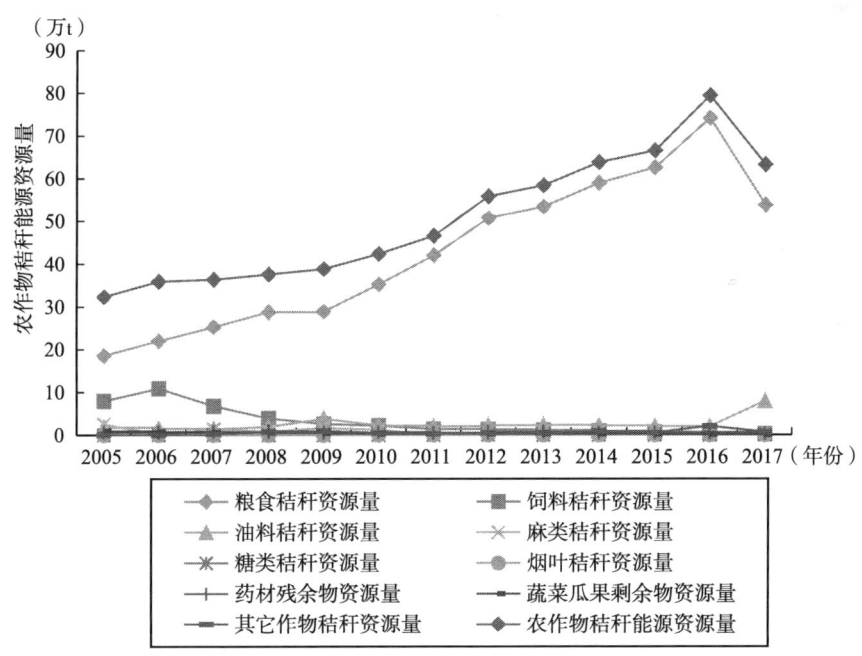

图 3-4　2005~2017 年黑龙江省重点国有林区农作物秸秆能源资源量变化趋势

三、生物质能源资源量现状

生物质能源资源量是不考虑其他用途、理论上可作为生物质能源使用的农林生物质资源数量。2005~2017年，黑龙江省重点国有林区生物质能源资源量总体呈上升趋势，年均增长率为1%。发展过程大致经历两个阶段：2005~2012年为上升期，生物质能源资源量从2005年的142.14万吨增加到2012年的175.6万吨，达到峰值；2012~2017年为下降期，生物质能源资源量小幅下降，2017年降至159.17万吨（见图3-5）。

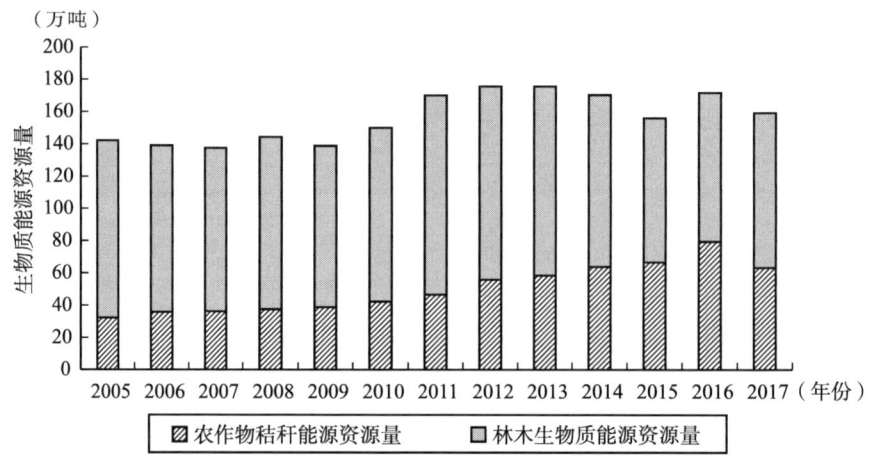

图3-5　2005~2015年黑龙江省重点国有林区生物质能源资源量

黑龙江省重点国有林区生物质能源资源量包括林木生物质能源资源量和农作物秸秆能源资源量，研究期间二者占生物质能源资源量比重有较大变化。其中，林木生物质能源资源量占比波动下降，从2005年的77%降至2016年最低的54%，2017年小幅上升。农作物秸秆能源资源量占比波动上升，从2005年的23%上升至2016年最高的46%，2017年小幅下降（见图3-6）。2017年，林木生物质能源资源量和农作物秸秆能源资源量占比趋势出现变化，是受当年气候因素影响，粮食作物大幅减产，导致农作物秸秆能源资源量减少，农作物秸秆能源资源量占生物质能源资源量比重下降。

综上所述，黑龙江省重点国有林区生物质能源资源丰富，生物质能源资源量呈上升趋势,表明生物质能源资源有较大潜力。研究期间,林木生物质能源资源量占生物质能源资源量比重下降,农作物秸秆能源资源量占比上升。黑龙江省重点国有林区丰富的生物质能源资源为生物质能源产业发展提供了原料保障,但现阶段生物质能源资源利用量仅占总量的一小部分,如何充分利用生物质能源资源,提高资源利用率,是生物质能源产业发展的关键一环。

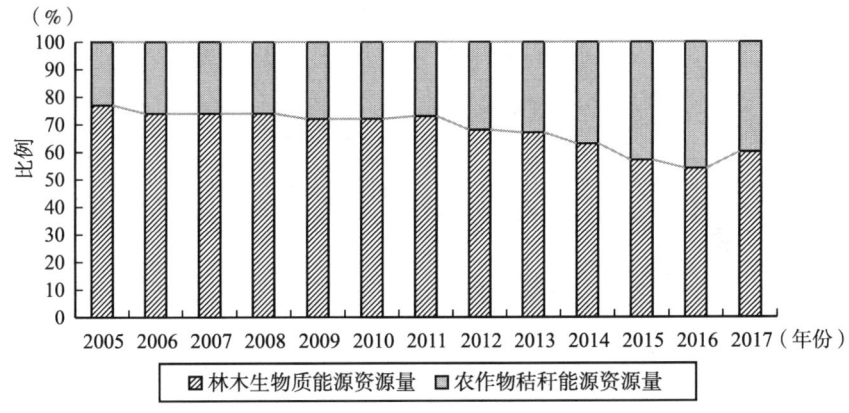

图 3-6　2005~2017 年黑龙江省重点国有林区林木生物质
能源资源量和农作物秸秆能源资源量的比例

第三节　黑龙江省重点国有林区生物质能源产业发展现状

上节分析了黑龙江省重点国有林区生物质能源资源状况,本节继续从生物质能源产业发展概况、生物质能源产业发展规划、生物质能源产业扶持政策和生物质能源产业技术水平 4 个方面对黑龙江省重点国有林区生物质能源产业现状进行详细阐述。

一、生物质能源产业发展概况

根据实地调研,黑龙江省重点国有林区生物质能源产业发展始于 21 世纪,开始阶段发展缓慢,天保工程和全面停伐政策推动了产业发展,生物质能源产业发展规划和扶持政策,加快了产业发展进程,但现阶段生物质能源产业发展仍处于起步阶段。2013年前,黑龙江省重点国有林区生物质能源产业发展重点为生物质固体成型燃料,后逐渐转变为生物质热电联产,2016年生物质发电量为27.91亿千瓦时,到2017年发电量增长了70%,达到47.50亿千瓦时,生物质原料由单一林木生物质能源资源向农林生物质能源资源混合转变,部分生物质能源项目发展情况如表3-7所示。

表3-7　　黑龙江省重点国有林区生物质能源产业发展情况

项目名称	建成时间	占地面积（万平方米）	总投资（亿元）	自筹资金（亿元）	原料类型
朗乡林业局致密成型燃料项目	2013	9.50	0.59	0.59	林木生物质能源资源
双丰林业局生物质热电联产项目	2019	7.78	3.44	0.59	林木生物质能源资源、农作物秸秆能源资源
清河林业局生物质热电联产项目	计划2020年投产	8.86	5.22	1.55	林木生物质能源资源、农作物秸秆能源资源

(一) 朗乡林业局致密成型燃料项目

朗乡林业局建立了生产致密成型燃料生物质能源项目,占地面积9.5万平方米,以林木剩余物为原料生产生物质固体燃料,年产量约为10万吨。项目总投资5952万元,其中建设投资5852万元,流动资金100万元,资金全部为企业自筹,税后投资回收期为6.51年。项目于2009年开始设计建设,2013年投产试运行。

项目建于于朗乡林业局,位于黑龙江省中部,小兴安岭南麓,东临南岔林业局,北与带岭实验局接壤,南北长74千米,东西宽67千米,面积26.47公顷。朗乡林业局下辖17个林场所,共有55个基层单位,森林覆盖率达到82.1%。

项目原料主要为枝桠材,是自朗乡林业局职工在完成森林养护、抚育工作之余收集的林业剩余物。枝桠材在收购地粉碎、加工成林木剩余物粉送至总厂,经烘干后进行混、造粒、冷却、质检、称重后打包入库。该项目技术采用吉林省花光生态工程数据研究中心的粉碎—干燥—

制粒高新技术，致密成型燃料的最终产品是直径 9mm、高 20~80mm 的长圆柱颗粒。

（二）双丰林业局生物质热电联产项目

双丰林业局建立了生物质热电联产项目，包括 1 座 2×15 兆瓦的生物质发电厂，占地面积为 7.78 万平方米，建筑面积为 3.36 万平方米。① 装机规模为 2×75 吨/时的高温高压生物质锅炉，2×15 兆瓦的高温高压抽汽凝汽式汽轮机，2×15 兆瓦的空冷发电机。项目总投资为 3.44 亿元，其中，固定资产投资 3.41 亿元，流动资金 341.16 万元。项目申请世界银行贷款 2.85 亿元，其余资金为企业自筹，预计所得税后投资回收期为 9.67 年。项目于 2015 年设计建设，2019 年投产试运行。

项目建于双丰林业局，位于小兴安岭林区最南端浅山区，素有伊春"南大门"之称，距离哈尔滨市 198 公里。双丰镇是伊春林区交通要塞，绥佳铁路、222 国道穿境而过，交通十分便利。周边与庆安、铁力、木兰、通河、巴彦 5 个县（市）相邻，与 64 个农业村屯交错。双丰林业局项目共有基层单位 31 个，其中林场所 10 个，山下单位 21 个，活立木总蓄积 845 万立方米，森林覆被率 82%，常规农业耕种面积 15 万亩。

项目原料包括农作物秸秆和林木剩余物两类。双丰镇及周边地区既是林区，也是粮食主产区，林木剩余物及农作物秸秆资源丰富。原料来自以双丰林业局生物质电厂为中心 50 公里半径范围内的农林剩余物，基本区域为铁力市境内的 3 镇 3 乡、市林业局、良种场、干馏厂及双丰、桃山、铁力 3 个林业局和铁力农场，不含周边已有生物质利用项目的庆安县区域。

农作物秸秆主要为水稻秸秆、玉米秸秆、大豆秸秆，项目单独购置打包机，采用打包机现场作业，将秸秆就地打包后采用汽车运至电厂内料场或其他储料点储存。秸秆经过初级破碎、打包后运输密度可提高到 250 千克/立方米，能够缓解实际运行期间的运输和贮存压力。成立燃料公司，负责秸秆收集、秸秆打包成型、存储、运输，专门供应双丰林业局生物质发电厂。林业剩余物主要为中、幼龄抚育伐剩余物和木材生产剩余物，主要包括树枝、梢头、截头、倒木、枯立木、伐区作业中砸倒、碰倒的小径

---

① 黑龙江省双丰林业局：《黑龙江双丰林业局致密成型燃料生产项目可行性报告》，黑龙江省双丰林业局工作论文，2008 年。

木、灌木等。林下剩余物收集后进行选择、截断、并拣集到集材道旁归成小堆，一般结合伐区清理进行收集。

（三）清河林业局生物质热电联产项目

清河林业局生物质能源项目为生物质热电联产项目，占地约8.86万平方米，规划建设生物质直燃发电机组，建设规模为1×30兆瓦的抽凝式汽轮发电机组，配2台75吨/时的高温高压生物质锅炉。项目建成投产后，预计年发电量2.4亿千瓦时，消耗生物质燃料量26.4万吨，替代标准煤7.56万吨，减排$CO_2$19.3万吨，$SO_2$552吨，预计为当地居民带来直接收入约8275万元，为清河林管局带来约2500万元收益。项目计划总投资5.22亿元，其中自筹1.55亿元占总投资的30%，剩余70%向国内银行贷款，年流动资金386万元自筹，预计所得税后投资回收期为6.37年。项目于2017年5月开工，计划于2020年投产发电。

项目位于哈尔滨清河工业园区内，厂址距清河镇区5公里，离变电站3.5公里，地处小兴安岭南麓、松花江中游北岸，是通河县的东大门，东部接壤省属松花江农场，南部与达连河隔江相望，哈肇公路穿境而过。

项目以玉米秸秆、林下抚育物、稻壳为主要燃料，以树脂、稻草、下脚料等为辅助燃料。原料收集范围主要集中在清河镇及周边50公里范围内，拟采用农户（清河林管局）→厂外收储站→电厂的收集方式，由清河林业局农户收集原料，运至厂外收储站储存，以汽车运至电厂，厂外收储站及原料运输均利用社会资源。

二、生物质能源产业发展规划

（一）国家层面

国务院《"十三五"国家战略性新兴产业发展规划》提出推动农林废弃物回收利用，实现农作物秸秆和林业"三剩物"等农林废弃物资源化利用；重点推进高寿命、低能耗的生物质能源关键技术和设备研发；建设集中式规模化生物燃气应用示范工程、万吨级生物质制备液体燃料及多产品联合应用示范工程；促进生物质成型燃料替代燃煤集中供热[140]。国家能源局《生物质能源发展"十三五"规划》提出到2020年基本实现生物质能源的商业化和规模化利用，利用量达到5800万吨标准煤/每年，其中农林生物质直燃发电700万千瓦,沼气发电50万千瓦时,生物质液体燃料利用量600万吨/每年,生物质成型燃料利用量3000万吨/每年[141]。

(二) 省级层面

黑龙江省发展和改革委员会《黑龙江省能源发展"十三五"规划》提出合理统筹规划生物质发电项目,建设一批以林下剩余物、废弃菌袋、农作物秸秆、粮食加工剩余物等为主要原料的生物质直燃发电项目;开展生物质气化发电、沼气发电试点示范;到2020年,黑龙江省实现消耗各类生物质能源资源1300万吨/年,生物质发电装机容量达到165万千瓦[142]。黑龙江省人民政府办公厅《黑龙江省推进清洁能源产业发展行动方案(2017—2020年)》提出在中心城市周边地区建设一批秸秆直燃发电项目,在粮食主产区建设一批以秸秆和粮食加工剩余物为原料的生物质直燃发电项目,在林区建设一批以林下剩余物、废弃菌袋等为主的生物质直燃发电项目,在垃圾量达到焚烧发电项目建设基本要求的城市和畜牧业发达地区,建设一批垃圾焚烧发电项目和小型分布式沼气发电项目,2017~2020年,黑龙江省实现新增生物质发电装机规模85万千瓦[170]。

可以看出,国家和黑龙江省生物质能源产业规划侧重点略有不同,国家注重生物质成型燃料发展,黑龙江省侧重利用农林生物质能源资源,建设生物质发电项目。一系列的生物质能源产业规划出台,为黑龙江省重点国有林区生物质能源产业发展提供了良好的前提条件。

三、生物质能源产业扶持政策

(一) 国家层面

《中华人民共和国企业所得税法实施条例》给予生物质发电企业享受企业所得税减免,自项目取得第一笔生产经营收入的纳税年度起,第1~3年企业所得税免征,第4~6年企业所得税减半。《关于完善农林生物质发电价格政策的通知》提出农林生物质发电项目统一执行标杆上网电价0.75/千瓦时(含税)的标准,上网电价低于该标准,则上调电价至0.75/千瓦时,上网电价高于该标准的仍执行此标准电价[71]。

(二) 省级层面

黑龙江省人民政府办公厅《2019年黑龙江省秸秆综合利用工作实施

方案》提出给予固化成型燃料站建站补贴,年产 0.25 万吨投资 100 万元的燃料站,给予投资额度 70% 的定额补贴,年产 1 万吨投资 300 万元的燃料站,给予投资额度 50% 的定额补贴,年产 2 万吨投资 590 万元的燃料站,给予投资额度 30% 的定额补贴;给予秸秆工业原料化项目建设补贴,对新建及已经投产运营的秸秆工业原料化项目,按项目设计能力一次性给予 100 元/吨的补贴;给予生物质设备补贴,对生物质锅炉按每台 2100 元计算,给予 70% 的补贴[143]。

各个层面的生物质能源产业扶持政策一定程度上降低了生物质能源企业生产成本,有助于黑龙江省重点国有林区生物质能源企业的可持续发展。但仍缺乏黑龙江重点国有林区层面的扶持政策,面对林区生物质能源产业发展现状,缺少能够解决林区实际问题的政策。

四、生物质能源产业技术水平

(一) 生物质发电技术

黑龙江省重点国有林区生物质发电技术发展较快,尤其是高效直燃发电技术较为成熟,生物质发电项目数量和质量快速提升。黑龙江清河泉生物质热电集团公司(前身为黑龙江清河泉米业有限公司)占地面积 30 万平方米,以稻壳为原料进行生物质发电,总装机容量 7 万千瓦时,消耗稻壳 38 万吨/年,发电 5 亿千瓦时/年,是中国首家利用稻壳燃烧技术进行发电的热电厂。国能望奎生物质发电有限公司采用丹麦 BWE 公司技术,以农作物秸秆为原料,消耗秸秆 20 多万吨/年[144]。黑龙江省重点国有林区生物质发电技术发展较快,目前已建成多个生物质发电项目,且有多个项目正在建设中,代表了生物质能源产业发展状况。

(二) 生物质液化技术

黑龙江省重点国有林区第一代和第二代燃料乙醇技术发展较为成熟,已经实现商业化生产,第一代技术以糖质和淀粉为原料生产燃料乙醇,第二代技术以农林剩余为原料生产燃料乙醇。黑龙江省作为中国首批次开放全省乙醇汽油试点的 5 个省份之一,每年燃料乙醇产量较为可观。中粮生化(肇东)有限公司(前身黑龙江华润酒精有限公司)建立了"国家能源液体生物燃料(实验)研发中心",从 2006 年开始利用纤维素生产燃料乙醇。该公司以玉米作为主要原料，能够加工转化玉米120万吨/年，生产燃料乙醇25万吨/年。黑龙江帅亿集团公司是黑龙江省首个产业化的生物质能源项目，采用国际先进的酶裂解和微波技术，以农作物秸秆为原料，年产15万吨燃料乙醇和20万吨生物柴油[145]。

(三) 生物质固化成型技术

黑龙江省重点国有林区生物质固化成型技术发展起步较晚、发展缓慢，存在设备寿命短、能耗高等问题，因此生产生物质固体燃料企业较少。黑龙江金源生物质能源有限公司利用玉米秸秆生产玉米秸秆压块成型燃料，能够生产玉米秸秆板50万平方米/年，玉米成型燃料10万吨/年。该公司试图打造"公司＋基地/合作社/＋农户"的经营模式，以实现秸秆搂草、秸秆饲料加工、秸秆压块燃料、秸秆成型板加工、运输、销售一体化的模式。

综上所述，黑龙江省重点国有林区生物质能源产业发展已经积累了一定的经验，从生物质原料上看，农作物秸秆及加工剩余物为生物质能源的主要原料，从技术上看，生物质固化成型技术、生物质液化技术和生物质发电技术都取得了一定进步，生物质直燃发电技术相对成熟。但仍存在技术瓶颈，市场化水平不高，增加了企业生产成本，降低了产品市场竞争力。

第四节 黑龙江省重点国有林区生物质能源产业发展存在问题

在国家大力推进生物质能源发展的背景下，黑龙江省重点国有林区生物质能源产业取得了长足进步，建成了一批生物质能源项目，为林区经济转型奠定了基础，但生物质能源产业仍处在发展初期，还存在战略规划可操作性不强、技术市场转化能力弱和融资渠道拓展难度大等问题。

一、战略规划可操作性不强

战略规划具有管理引导、调节控制及激励惩罚等作用，在促进生物质能源产业发展的各种手段中，起到无可替代的作用[146]。生物质能源产业发展初期离不开政策引导和支持，但现有相关政策、规划缺少连续性和协调性，政策间缺少有效衔接，相应的配套措施跟不上，不能形成支持生物质能源产业发展的长效机制。通过分析生物质能源产业政策发现，现有政策无法保证和促进生物质能源产业的可持续发展，缺乏针对黑龙江省重点国有林区的规划政策，导致林区生物质能源企业面临现实困境无法解决。从其他国家生物质能源发展过程看，政策是生物质能源产业发展的原始动力，政府在初期会对生物质能源项目或企业进行支持，项目开始获得经济效益后，政府会逐步退出[147]。因此，政府要针对黑龙江省国有林区生物质能源产业的实际情况，在产业发展初期出台具有针对性的政策，从战略上引导产业发展，充分利用林区丰富的生物质能源资源，推动生物质能源产业健康有序发展。

二、技术市场化转化能力弱

生物质能源产业作为技术密集型产业，技术创新是产业发展的根本动力，先进的技术既能减少对国外技术的依赖，降低引进技术成本，又能提高原料的转化率，降低生产成本，提升技术成果市场转化能力有助于生物质能源企业获得经济收益。黑龙江省重点国有林区生物质能源开发利用技术还存在一定瓶颈，实现生物质能源开发利用技术突破，是黑龙江省重点国有林区生物质能源产业发展的必由之路。如在生物质发电技术上，由于农作物秸秆种类较多，需要对进口配套设备进行改造，如何实现低成本、高效率的生产，成为技术研发的难点。研究表明，技术创新可分为3个阶段，包括技术使用阶段、技术改进阶段和技术自主创新阶段[148]。黑龙江省重点国有林区生物质能源产业还处在技术使用阶段，技术和设备基本依靠国外进口。一方面，生物质能源企业规模较小，自主研发能力弱，缺少相关技术人员和研发资金，依靠企业自身很难实现研发能力的提升；另一方面，激励企业进行技术创新的手段不多，企业进行技术创新的动力不足。

三、融资渠道拓展难度大

生物质能源项目建设初始阶段投资较大，在项目建成后，技术研发环节和市场开发环节都需要大量资金投入。生物质能源项目建设期长、投资成本高、回报率低，无法在短期内带来经济效益，这就需要黑龙江省重点国有林区生物质能源项目需要有稳定的融资渠道。单纯依靠林业局及企业自身筹款，遇到流动资金短缺、短期收益不佳时，容易发生资金链断裂，从而导致企业破产，无法形成持续发展的后劲。国外生物质能源主要的投融资渠道为政府直接投资、银行贷款、民间资本、国际融资、可再生能源投资基金、风险投资基金、股票上市等。黑龙江省重点国有林区生物质能源项目融资渠道单一，项目建设资金主要依靠林业局或企业自筹，面对生物质能源项目高投入、高风险的特点，申请银行贷款难度较大，特别是申请长期贷款更难。为了规避投资风险，林业局或企业进入生物质能源领域的积极性不高，需要政府引导、鼓励多种资金进入生物质能源产业，拓宽企业融资渠道，保证资金链稳定。

第五节 本章小结

本章剖析了黑龙江省重点国有林区现状、生物质能源资源现状、生物质能源产业发展现状，并对生物质能源产业发展过程中存在的问题进行了分析。研究表明：一是，黑龙江省重点国有林区生物质能源资源丰富，2005~2017年生物质能源资源量呈上升趋势，其中，林木生物质能源资源量小幅下降，年均降幅为1%，农作物秸秆能源资源量快速上升，年均增幅为6%，占生物质能源资源量逐年上升。二是，黑龙江省重点国有林区生物质能源产业取得了一定发展，生物质能源原料从林木生物质能源资源向农作物秸秆能源资源为转变，生物质发电技术发展较快，生物质发电项目增加较快。三是，黑龙江省重点国有林区生物质能源产业还存在战略规划可操作性不强、技术市场转化能力弱、融资渠道拓宽难度大等问题。

第四章　黑龙江省重点国有林区生物质能源产业发展机理分析

基于第二章提出的生物质能源产业发展"DPSIR"分析范式，对黑龙江省重点国有林区生物质能源产业发展系统进行解构，将影响因素分解成驱动力、压力、状态、影响和响应5个维度。这些影响因素包含了生态、经济、社会及产业等方面指标，共同作用于黑龙江省重点国有林区生物质能源产业发展。依据"DPSIR"分析范式，根据生物质能源产业特点，本章界定了生物质能源产业发展的影响因素，梳理了影响因素间的作用关系，构建了黑龙江省重点国有林区生物质能源产业发展机理的理论模型，为后续黑龙江省重点国有林区生物质能源产业发展机理的定量分析奠定了基础。

第一节　生物质能源产业发展系统解析

一、生物质能源产业发展目标

黑龙江省重点国有林区农林生物质能源资源丰富，为生物质能源产业发展提供了资源基础，在全面停伐背景下，黑龙江省重点国有林区发展重点由木材增产转向森林资源培育，传统木材采伐和加工产业已不适应新时期林区的发展，迫切地需要寻找接替产业，而发展生物质能源产业符合新时期林区发展的重点，能够实现林区资源优势转化。但黑龙江省重点国有林区生物质能源产业发展仍面临一些问题，一定程度上制约了产业发展。本书研究生物质能源产业发展问题的目的是促进生物质能源产业健康有序发展，提高生物质能源产业的持续发展能力，带动林区经济社会发展，具体目标包括以下 3 个方面：

（一）推动林区生物质能源产业发展进程

目前，黑龙江省重点国有林区生物质能源产业处于初始发展阶段，尚未形成规模效应，但未来产业发展趋势是形成产业集聚，实现产业化发展模式。产业集群理论认为区域内产业集中有利于对该区域资源要素进行整合，依靠内生机制形成独特优势，提高区域内产业竞争力。阮建青提出产业集群历经的 3 个阶段：数量扩张期、质量提升期以及研发和品牌创新期[149]。本书从"原因—结果"的视角，分析生物质能源产业发展机理，测度产业发展水平，以期提升生物质能源产业的经济效益，提高各主体参与林区生物质能源项目建设的意愿，实现生物质能源产业健康有序发展。通过这一系列措施，先达成生物质能源项目数量扩张，稳步向产业集群高阶段发展，推动黑龙江省重点国有林区生物质能源产业发展进程。

（二）加速林区产业结构转型升级

马丽总结了世界林业产业发展大致经历的 4 个阶段[150]：第 1 阶段是农业社会阶段，直接将森林资源作为能源使用；第 2 阶段是工业发展阶段，以林木采运业为主要产业；第 3 阶段是森林工业全面发展阶段，以林木加工业为主要产业；第 4 阶段是营林和森工综合经营阶段，以发挥森林的多功能性为主选择主导产业。黑龙江省重点国有林区林业产业发展阶段与世界基本相同，目前发展重点由增加木材产量向加强森林培育转变，亟须改变林区经济发展对林木资源的依赖，结束"一林独大"的产业格局，提升林业产业竞争力。赫克歇尔—俄林理论基于生产要素提出，一个地区应当发展资源丰富的产业。基于此，黑龙江省重点国有林区发展生物质能源产业既符合现阶段林区发展重点，又是对自身优势的充分利用，有助于推进产业结构由传统木材采伐加工业向绿色产业转变，加速林区产业结构转型升级。

（三）促进林区"生态—经济—社会"协调发展

可持续发展理论旨在解决发展与生态环境之间的矛盾，强调生态、经济和社会的可持续性。生物质能源是以农林剩余物为原料，黑龙江省重点国有林区发展生物质能源产业是对废弃资源的再利用，既提高了资源利用率，又避免了以损害生态环境换取经济社会进步的发展方式，在充分利用农林生物质能源资源基础上,推进林区可持续发展。黑龙江省重点国有林区生物质能源产业发展遵循了可持续发展理论,是以生态承载力为前提,经济增长为动力,社会发展为目的的发展模式,形成了生态效益、经济效益和社会效益的统一,有助于实现林区"生态—经济—社会"协调发展。

综上所述,本书认为研究黑龙江省重点国有林区生物质能源产业发展问题有利于推动生物质能源产业发展进程,加速产业结构转型升级,促进"生态—经济—社会"协调发展,是林区经济社会发展逐渐摆脱对林木资源依赖的有效途径,也是林区经济转型的一种新思路。

二、生物质能源产业发展系统解析思路

对黑龙江省重点国有林区生物质能源产业发展目标进行分析后,需要对生物质能源产业发展系统进行全面认知,明确解析思路,选取适合的模型对生物质能源产业发展系统进行解构,界定生物质能源产业发展系统的影响因素,梳理影响因素间的作用关系,支撑后续生物质能源产业发展机理的研究。

系统是由相互影响的因素按照一定组织结构和功能框架组成的有机整体,其基本构成就是因素和关系,且强调因素之间的作用关系[151]。本书将生物质能源产业发展作为一个系统,具体可以理解为:由生物质能源产业发展系统影响因素按照相应关系组成的有机整体。影响因素之间的作用关系是生物质能源产业发展系统的重要组成部分,构成了生物质能源产业发展机理。因此,黑龙江省重点国有林区生物质能源产业发展机理应从影响因素界定及影响因素间作用关系梳理两个方面展开研究。

首先,界定生物质能源产业发展影响因素。不同系统的特征不同,影响因素的界定方法也不尽相同。目前,有两种较为常用的方法:第一种方法是将系统影响因素划分为"生态—经济—社会"三个维度,从这三个维度对影响因素进行界定;另一种是将系统视为一个具有完整运行过程的整体,根据不同运行阶段功能性差别,对不同阶段的影响因素进行界定。生物质能源产业发展是一个复杂系统,受多方面的因素共同影响,呈现出多维度、多元化和多功能的特点。本书对黑龙江省重点国有林区生物质能源产业发展影响因素界定综合运用了上述两种方法,以生物质能源产业发展过程中的不同功能为依托,识别出核心要素,从核心要素出发描述生物质能源产业发展系统的运行机制及演化趋势,依据"生态—经济—社会—产

业"四个维度选取具体指标,厘清系统各运行阶段的功能,反映生物质能源产业发展的基本状况及变化趋势。

其次,梳理生物质能源产业发展影响因素作用关系。系统影响因素间的作用关系复杂,作用方式及目标多样。由于研究问题和角度不同,系统影响因素界定方法不同,导致影响因素间的作用方式不同。生物质能源产业发展影响因素是系统不同运行阶段功能的具体表征,这些因素按照一定的作用关系组成生物质能源产业发展系统。本书是根据黑龙江省重点国有林区生物质能源产业发展系统运行的功能性差异对影响因素进行界定,影响因素间的作用关系旨在描述系统不同功能之间的相互作用关系,反映生物质能源产业发展系统不同运行阶段物质和能量的交互机制。为了能够全面和有效地对生物质能源产业发展影响因素间的作用关系进行梳理,必须进行归纳和总结,从纷繁复杂的作用路径中进行提炼,找出主要的、具有代表性的作用关系,构建黑龙江省重点国有林区生物质能源产业发展机理的理论模型。

综上所述,选择适合的分析范式成为黑龙江省重点国有林区生物质能源产业发展机理分析的关键一环。因此,所选分析范式要能够全面地反映生物质能源产业发展的影响因素,体现影响因素间复杂的作用关系,能够对生物质能源产业发展系统运行的功能性差异进行抽象化描述,并转变成一种信息结构。在此基础上,构建生物质能源产业发展机理的理论框架,为后续研究提供理论支撑。根据第二章分析,"DPSIR"分析范式在解决复杂系统问题上取得了较好成果,能够将生物质能源产业系统分解成驱动力、压力、状态、影响和响应等5个抽象维度,基于此,界定生物质能源产业发展的影响因素,梳理影响因素间的作用关系,从原因到结果的视角,对生物质能源产业发展的关系进行抽象化提炼。以生物质能源产业发展推动力为研究起点,分析生物质能源产业发展所处状态,研究生物质能源产业发展产生的影响,提出响应措施,揭示生物质能源产业发展系统的运行机制,构建黑龙江省重点国有林区生物质能源产业发展机理的理论模型。

鉴于此,本书基于"DPSIR"分析范式,结合生物质能源产业特点,界定生物质能源产业发展系统影响因素的内涵,梳理影响因素间的作用关系,构建黑龙江省重点国有林区生物质能源产业发展机理的理论模型(见图4-1)。同时,围绕"生态—经济—社会—产业"4个方面选取指标,提炼生物质能源产业发展系统不同阶段的核心特征,保证系统中的重要影响因素和信息不被忽略,确保指标的全面性和完整性,进而科学地分析黑龙江省重点国有林区生物质能源产业发展的状况和趋势。

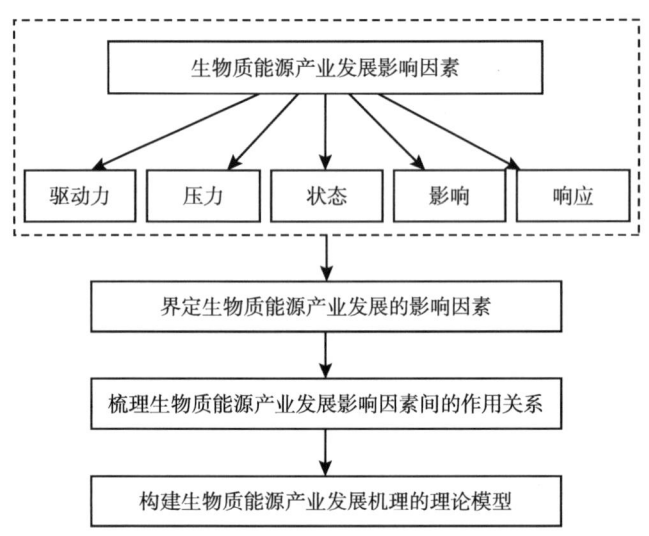

图4-1 生物质能源产业发展系统解析思路

第二节 生物质能源产业发展的影响因素

本书基于"DPSIR"分析范式,从驱动力、压力、状态、影响和响应五个维度,界定生物质能源产业发展的影响因素,构建具有产业特征的黑龙江省重点国有林区生物质能源产业发展机理的理论模型。

一、驱动力因素(D)

在 DPSIR 理论模型中,驱动力是系统发生变化的根源,是黑龙江省重点国有林区生物质能源产业发展的根本原因,对生物质能源产业发展的作用是"隐性的"。欧洲环境署(EEA)认为驱动力是对经济体制、社会体制和人口体制等多方面综合特征的描述,具体表现为经济社会发展对人们生活方式、消费方式及生产方式的影响[152]。驱动力因素作为影响生物质能源产业发展的潜在原因,反映了生物质能源产业发展系统演化的原始动力,根本性地影响着黑龙江省重点国有林区生物质能源产业发展。全面停伐后，黑龙江省重点国有林区传统产业受到严重冲击，改变了林区经济社会的发展方式，导致支柱产业缺失，职工收入水平增长缓慢，家庭用柴出现危机。同时，随着林区经济社会发展，能源需求不断增加。黑龙江省重点国有林区全面停伐后的困境，增加了生物质能源市场需求。黑龙江省重点国有林区现实情况，倒逼其利用现有资源发展具有良好环境效益和社会效益的生物质能源产业。黑龙江省重点国有林区经济社会发展方式改变及能源需求增加，成为生物质能源产业发展最根本的原因。本书从经济社会驱动和能源驱动两方面，提炼反映黑龙江省重点国有林区生物质能源产业发展的驱动力因素（见图4-2）。

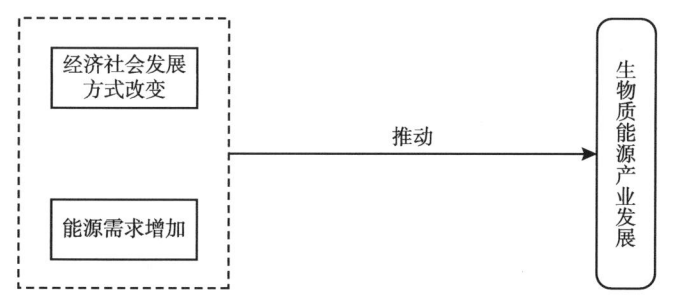

图 4-2　黑龙江省重点国有林区生物质能源产业发展驱动力因素作用机理

（一）经济社会驱动因素

全面停伐后，黑龙江省重点国有林区由高消耗、粗放型发展转变为绿色可持续发展，力求通过提高能源利用效率，减少污染排放，缓解林区经济社会发展对生态环境的破坏，这就增加了对生物质能源等清洁型能源的市场需求[153]。经济社会因素包括表征人口变化指标和经济社会发展指标，是驱动力因素的核心因子。

（二）能源驱动因素

经济增长越快，能源消耗就越多[154]。全面停伐后，黑龙江省重点国有林区居民家庭出现用柴危机，增加能源需求，现阶段能源消费结构仍以化石能源为主，但其储量和开采程度有限，无法保证能源持续稳定供应，增加了生物质能源的市场需求。生物质能源是化石能源的理想替代能源，能源需求增加，极大地推动了黑龙江省重点国有林区生物质能源产业发展。

二、压力因素（P）

在 DPSIR 理论模型中，压力因素是在驱动力因素作用下，直接导致生物质能源产业发展状态变化的因素。压力因素和驱动力因素都能够引起生物质能源产业发展状态的变化，二者相同之处在于都是导致状态变化的外力，不同的是驱动力因素作用方式是隐性的，压力因素则是显性的[118]。不同研究对压力因素的解释略有差别，压力因素既可以被宏观地理解为人类活动对资源环境造成的负面影响，也可以根据研究的具体问题进行界定[155]。本书中压力因素是驱动力因素的直接表现形式，是生物质能源产业发展状态变化的直接原因。不同于一般 DPSIR 模型中压力因素对研究对象的负向作用，本书压力因素与驱动力因素都是推动黑龙江省重点国有林区生物质能源产业发展的因素。全面停伐后，林区家庭日常生活用柴基本殆尽，能源市场需求增加，一方面加大了化石能源的使用量，加重了环境污染；另一方面，近年来化石能源消费量开始大于生产量，能源缺口显现，对生物质能源的市场需求增加。化石能源燃烧带来的环境问题以及能源短缺产生的能源问题，成为推动黑龙江省重点国有林区生物质能源产业发展的直接因素（见图 4-3）。本书从能源压力和环境压力两方面，提炼反映黑龙江省重点国有林区生物质能源产业发展的压力因素。

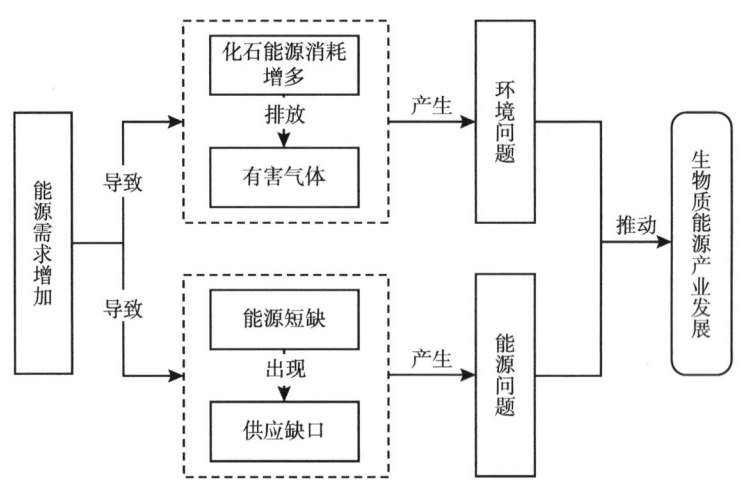

图 4-3 黑龙江省重点国有林区生物质能源产业发展压力因素作用机理

（一）能源压力因素

经济社会发展导致能源需求增加，黑龙江省能源缺口逐渐显现。加上黑龙江省重点国有林区全面停伐政策实施，"林业三剩物"减少，林区家庭出现用柴危机，急需寻找可替代能源，因此对生物质能源的需求量大增。生物质能源作为可再生能源，能够有效地缓解黑龙江省重点国有林区能源危机。因此，能源短缺是黑龙江省重点国有林区生物质能源产业发展的重要推动力。

（二）环境压力因素

现阶段，黑龙江省重点国有林区能源消费结构仍以化石能源为主，2017年黑龙江省化石能源消费量占能源消费总量的比例达到93%。化石能源燃烧产生的CO_2是温室气体的主要来源，生物质能源作为清洁型能源，能够实现CO_2的"零和排放"，改善空气环境质量，黑龙江省重点国有林区面临的环境压力推动了生物质能源产业发展。

三、状态因素（S）

在DPSIR理论模型中，状态因素是驱动力因素和压力因素共同作用的结果，能够反映当前系统状态和发展趋势[156]。状态因素可以从两个角度进行界定：一是反映系统的综合特征，二是反映具体研究对象的状况[157]。监测生物质能源产业发展状态，是研究驱动力因素和压力因素的出发点，也是分析影响因素和响应因素的基础。生物质能源产业发展的状态因素描述了生物质能源产业本身的属性及现实发展状况。根据对第三章内容的分析，黑龙江省重点国有林区生物质能源资源有较大潜力，这为生物质能源产业发展提供了现实基础。现阶段，黑龙江省重点国有林区发展重点由木材采伐向森林培育转变，充分利用现有资源发展生物质能源产业，有助于林区产业经济转型，找到新的经济增长点。本书从资源状态和产业状态两方面，提炼反映黑龙江省重点国有林区生物质能源产业发展的状态因素（见图4-4）。

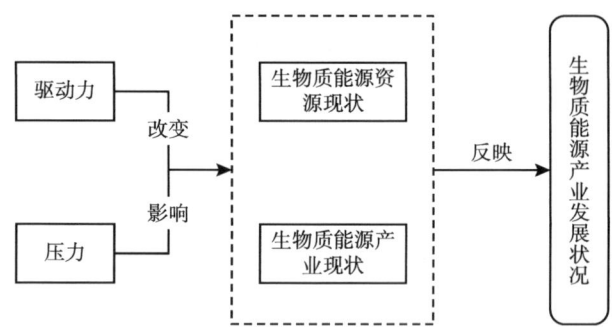

图 4-4 黑龙江省重点国有林区生物质能源产业发展状态因素的作用机理

（一）资源状态因素

资源是产业发展的基础，黑龙江省重点国有林区丰富的农林剩余物资源为生物质能源产业发展提供了原料保障，这也是生物质能源产业发展的先决条件。本书从林木生物质能源资源和农作物秸秆能源资源两方面，分析了黑龙江省重点国有林区生物质能源资源状态。

（二）产业状态因素

产业状态代表了生物质能源当前开发利用的真实水平，也是未来的发展趋势。根据第三章节黑龙江省重点国有林区生物质能源产业技术水平的分析，与其他生物质能源开发利用技术相比，现阶段生物质发电技术相对成熟，生物质发电项目发展较快。为此，生物质发电现状是黑龙江省重点国林区生物质能源产业状态最直接的表现，而生物质能源产业作为林业产业的一部分，林业生产总值是生物质能源产业状态的间接表现。

四、影响因素（I）

在 DPSIR 模型中，影响因素和状态因素两个指标较为容易混淆，状态因素是生物质能源产业发展的"静态"体现，而影响因素更强调其"动态"变化。不同研究领域对影响因素内涵的界定也会呈现出一定差异，在生物科学领域，影响因素用自然因素变化来表征，如水资源、大气、土地资源的变化，反映了环境恶化引起的负向作用[158,159]。而在社会科学领域，影响因素反映了环境变化对人类生活的影响，如资源供应、水和空气质量等[158]。生物质能源产业发展属于社会科学研究范畴，根据 DPSIR 理论模型的内在逻辑关系,影响因素是生物质能源产业发展系统在驱动力因素和压力因素的双重作用下,状态发生改变,形成对林区社会经济等多方面的作用结果。影响因素是生物质能源产业发展状态变化引起的连锁反应,是生物质能源产业发展反馈作用的体现,具体表现是生物质能源产业发展对林区环境、经济社会和能源消费结构的反馈作用(见图4-5)。本书从环境影响、经济社会影响和能源影响等方面,提炼反映黑龙江省重点国有林区生物质能源产业发展的影响因素。

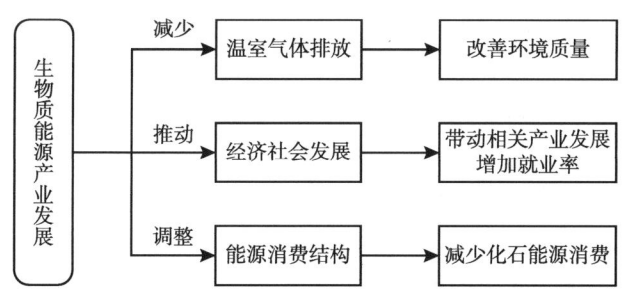

图4-5 黑龙江省重点国有林区生物质能源产业发展影响因素的作用机理

(一)环境影响因素

生物质能源产业发展对改善空气质量和减轻环境污染具有重要作用,一方面,生物质能源替代化石能源,能够减少燃烧排放的有害气体;另一方面,生物质能源是对农林剩余物等废弃物的再利用,实现了"变废为宝",不仅能够减少黑龙江省重点国有林区因林业剩余物随意堆放引起火灾的概率,也可以从根本上解决秸秆燃烧导致空气污染加重的问题。

(二)经济社会影响因素

黑龙江省重点国有林区受天保工程和全面停伐政策影响,传统以木材采运和加工为主的产业受到严重冲击,影响了林区经济社会发展及职工收入水平增长。黑龙江省重点国有林区发展生物质能源产业可以延长农业和林业产业链,带动周边产业发展,提供新的就业岗位,增加家庭收入,促进林区经济社会发展。

(三) 能源影响因素

面对黑龙江省重点国有林区家庭烧柴严重短缺的现状，发展生物质能源产业有利于增加生物质能源供给，缓解能源短缺问题，降低林区对化石能源需求，减少化石能源消费量，形成良性循环。黑龙江省重点国有林区发展生物质能源产业有助于调整能源消费结构，逐步降低化石能源消费量占能源消费总量比重。

五、响应因素（R）

在 DPSIR 模型中，响应因素是政府等管理部门为预防和改善非预期系统变化，或激励预期系统变化而采取的措施。生物质能源产业发展的响应因素是对生物质能源产业发展压力和状态变化综合判断后，采取能够推动生物质能源产业发展的积极措施，反映了生物质能源产业可持续发展的理念。生物质能源产业发展的响应因素体现了应对能源短缺和环境污染问题，以及评估生物质能源产业发展现状，管理决策部门采取措施所产生的效果，但这种描述是定性的，需要将其转化为相关指标，用以表征生物质能源产业发展的响应因素[160]。

在全面停伐的现实情况下，黑龙江省重点国有林区居民家庭烧柴短缺，化石能源供应缺口显现，生物质能源存在较大市场需求，但由于相对于化石能源，生物质能源没有价格优势，林区集中供热、居民家庭取暖购买生物质能源意愿不高。通过实地走访了解到，如果生物质能源价格降低，达到与化石能源价格持平，生物质能源将会成为林区的首选能源。因此，提高生物质能源技术水平、加大林区经济社会对生物质能源产业发展支持，增加政策扶持力度，有助于降低生物质能源价格，使得生物质能源市场需求得到现实转化，进一步推动黑龙江省重点国有林区生物质能源产业发展。本书从科技响应、经济社会响应和政策响应等方面，提炼反映黑龙江省重点国有林区生物质能源产业发展的响应因素（见图 4-6）。

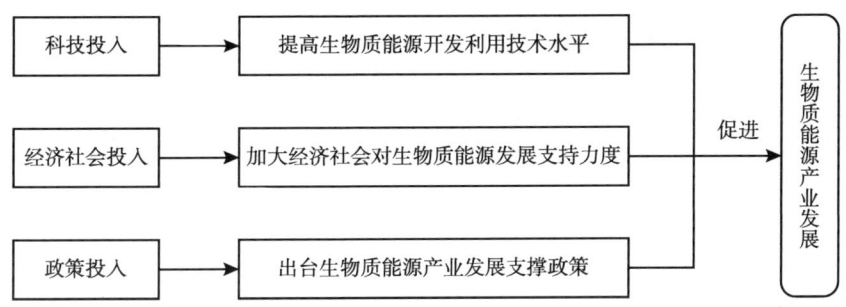

图4-6 黑龙江省重点国有林区生物质能源产业发展影响因素的作用机理

(一) 科技响应因素

黑龙江省国有重点林区生物质能源产业发展尚处在初级阶段,开发利用的技术还存在瓶颈,技术市场转化程度较低,导致生物质能源产品价格相对较高,降低了在能源市场上的竞争力。为了改善这种状况,需要提高生物质能源技术水平,提升生产效率,降低生产成本,这就需要研发力量大量投入和专业技术人员的不断努力。

(二) 经济社会响应因素

生物质能源产业发展是多种因素共同作用的结果,其发展离不开经济社会方面的支持。增加黑龙江省重点国有林区生物质能源产业发展的资金投入,完善产业发展过程中的各个环节都是可行的措施。

(三) 政策响应因素

生物质能源作为一种新兴的产业,发展初期离不开国家、政府支持,相对于价格低廉的传统化石能源,生物质能源原料成本高,导致其在价格上并无优势。出台优惠政策、财税补贴政策,一定程度上能够弥补生物质能源在价格上的劣势,有助于生物质能源企业逐步获得经济效益,推动更多生物质能源项目落地黑龙江省重点国有林区。

第三节 生物质能源产业发展机理理论模型构建

黑龙江省重点国有林区生物质能源产业发展系统是各因素按照一定的

作用关系有机结合而成的。上文界定了驱动力因素、压力因素、状态因素、影响因素和响应因素的内涵，本节根据上述分析，对黑龙江省重点国有林区生物质能源产业发展系统影响因素间的作用关系进行归纳和提炼，辨析因素间复杂的作用关系，梳理出一个简化和清晰的研究框架。因此，本节基于"DPSIR"分析范式，梳理生物质能源产业发展影响因素间的作用关系，提出研究假设，构建黑龙江省重点国有林区生物质能源产业发展机理的理论模型。

一、影响因素间作用机理

本书通过对系统影响因素间作用关系的梳理，提出黑龙江省重点国有林区生物质能源产业发展机理的理论模型。首先，要明确系统关系的研究方法。由于系统间要素关系研究视角不同，系统间要素关系有不同的研究思路和范式。20世纪以来，多数学者利用因果关系分析社会和经济等变量的作用关系，进而因果关系成为社会科学领域中经典的关系类型。因果关系是从"原因—结果"的视角，分析客观世界中普遍联系的事物，原因是引发事物变化的起因，结果是由于原因的作用最终呈现的状态，二者构成了一对先后相继、彼此制约的关系范畴。

目前，常用因果关系推断模型主要为因果网模型和虚拟事实模型两种[157]。因果网模型是定性模型，主要依据研究领域的专家确定研究对象的因果假设关系，具体是通过带有方向的箭头反映存在的因果关系，且每一组假设的因果关系明确。虚拟事实模型是定量模型，每一个因素为一个潜在变量，其因果关系反映两个潜在变量间的差异。虚拟事实模型需要在公认的假设条件下，对原因和结果因素进行界定，但多数变量是难以观测和量化的，所以其适用范围较窄。因果网模型推断方法能够广泛地设定变量之间的关系，相对于虚拟事实模型推断方法的要求较为宽松，有利于描述原因变量对结果变量的影响。

DPSIR理论模型是属于因果网模型，欧洲环境署（EEA）在报告中对DPSIR模型的驱动力、压力、状态、影响和响应5个要素进行了解析，提出了因素间的作用关系为因果关系[161]。本书基于DPSIR理论模型，从"因果关系"视角对黑龙江省重点国有林区生物质能源产业发展机理进行定性描述，构建黑龙江省重点国有林区生物质能源产业发展机理的理论模型，将定性和笼统的概念模型转化为定量的关系,对黑龙江省重点国有林区生物质能源产业发展机理的理论模型进行验证,更加贴合生物质能源产业发展系统的运行过程。鉴于此,提出如下研究假设:

(一) 驱动力因素作用机理

驱动力因素是人类经济社会发展对资源和环境的影响,进而对系统产生压力[162,163]。根据 DPSIR 理论模型的内在逻辑,驱动力因素直接作用于压力因素,压力因素是驱动力因素的外在表现。驱动力因素对压力因素作用关系分析的相关文献中,国内外学者得到相同结论,驱动力因素正向显著作用于压力因素,即人类社会经济活动(驱动力)对资源和环境状态产生影响(压力)。

刘等研究海洋工业园区的可持续发展问题,认为园区内人类生产活动对沿海生态系统造成一定的干扰,即驱动力因素正向作用于压力因素[162]。朱新华和钟苏娟研究高铁对城市土地利用的影响,以高铁作为驱动力因素,生产流动要素作为压力因素,结果表明:高铁对生产要素流动有显著的正向影响,即驱动力因素正向作用于压力因素[121]。虽然研究的具体内容不同,但研究结果都表明驱动力因素对压力因素有显著的正向作用。

黑龙江省重点国有林区经济社会发展,能源需求增加,导致能源消费量不断增加,供应缺口逐渐显现。黑龙江省重点国有林区能源消费结构以煤、石油和天然气等化石能源为主,化石能源燃烧产生大量 SO_2、NOx 和烟尘等大气污染物,是引起温室效应的主要原因[164]。化石能源消耗引发了环境问题,同时,全面停伐后,黑龙江省重点国有林区烧柴短缺问题突显,由于化石能源的不可再生性,过多依赖化石能源,导致能源短缺问题逐渐显现[153]。经济社会发展引发了环境污染和能源短缺的双重压力(见图 4-7),据此,提出假设 H_1:

H_1:黑龙江省重点国有林区生物质能源产业发展系统驱动力因素显著正向作用于压力因素。

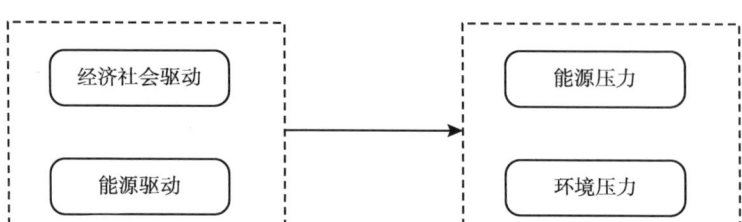

图 4-7 驱动力因素对压力因素作用机理

(二) 压力因素作用机理

由于对压力因素界定不同,压力因素对状态因素的影响表现不同。欧洲环境署 (EEA) 指出压力因素是用来表征经济社会发展过程中资源消耗状况及污染物排放情况对系统状态产生的负面影响[152]。根据 DPSIR 理论模型的内在逻辑,压力因素直接作用于状态因素,但研究内容不同,压力因素对状态因素的作用方向不同。

孙才志等研究中国水贫困状况,发现水资源使用和污染的压力对水量和水质状态的变化有负向影响,即压力因素负向作用于状态因素[165]。朱新华和钟苏娟研究高铁对城市土地利用的影响,以流动生产要素作为压力因素,土地利用状态作为状态因素,发现流动生产要素对城市土地利用状态有正向影响,即压力因素正向作用于状态因素[121]。由此可见,研究对象不同,压力因素对状态因素呈现出不同的作用方向。

黑龙江省重点国有林区仍以化石能源为主要能源,这种能源消费结构带来了环境污染问题和能源短缺问题,亟须寻找替代的清洁型可再生能源,对能源消费结构进行调整。生物质能源具有绿色可再生的特点,是化石能源理想的替代能源。黑龙江省重点国有林区环境污染和能源短缺推动了生物质能源产业发展,合理地开发利用生物质能源有利于农林剩余物等生物质能源资源得到充分利用,生物质能源产业规模壮大,推动生物质能源产业发展状态不断好转[166](见图 4-8)。鉴于此,提出假设 H_2:

H_2:黑龙江省重点国有林区生物质能源产业发展系统压力因素显著正向作用于状态因素。

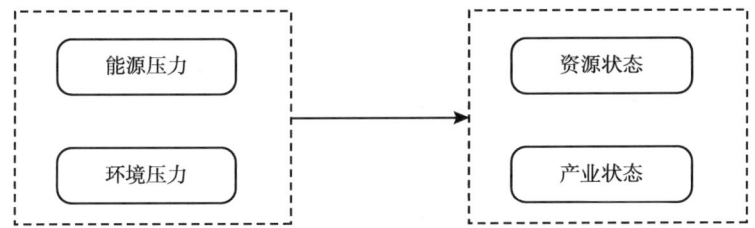

图4-8 压力因素对状态因素作用机理

(三) 状态因素作用机理

状态因素是反映系统当前状态及未来发展趋势的综合特征,状态因素发生变化后,对经济社会及产业发展产生的影响。根据 DPSIR 理论模型的内在逻辑,状态因素直接作用于影响因素,作用过程需要根据具体研究问题进行分析,如果系统状态逐渐优化,将促进经济社会发展,即状态因素正向作用于影响因素;反之,则会对经济社会产生危害,即状态因素负向作用于影响因素。

朱忠泰研究江苏省大气污染状况,发现大气污染状态改善有利于减少酸雨发生率及降低呼吸系统疾病发病率,即状态因素正向作用于影响因素[167]。而秦晓楠等对中国旅游城市生态安全的研究表明:旅游生态环境状态变化导致居民生活环境恶化,削弱了当地旅游资源的吸引力,阻碍了当地旅游业发展,即状态因素负向作用于影响因素[168]。

全面停伐后,黑龙江省重点国有林区经济社会发展受到严重冲击,失去了以木材采伐和加工为主的支柱产业,居民收入水平远低于黑龙江省城镇居民收入水平[8],亟须寻找接替产业。发展生物质能源产业对黑龙江省重点国有林区有积极影响,具体表现在三个方面:一是,改善林区空气质量。发展生物质能源产业是对农林废弃物资源的再利用,能够减轻秸秆直接燃烧带来的空气污染。加上生物质能源具有碳中和的特性,发展生物质能源产业有利于减少化石能源燃烧产生的空气污染,改善黑龙江省重点国有林区生态环境[169]。二是,增加林区居民收入[170]。黑龙江省重点国有林区发展生物质能源产业,能够有效地延长农业和林业产业链,带动周边相关产业共同发展,增加就业岗位,提高职工收入水平。三是,调整林区能源结构。充分开发利用生物质能源能够增加市场上的能源供应,减轻对化石能源的依赖,有助于缩减能源供应缺口,优化黑龙江省重点国有林区能源消费结构(见图4-9)。综上所述,提出假设 H_3:

H₃：黑龙江省重点国有林区生物质能源产业发展系统状态因素显著正向作用于影响因素。

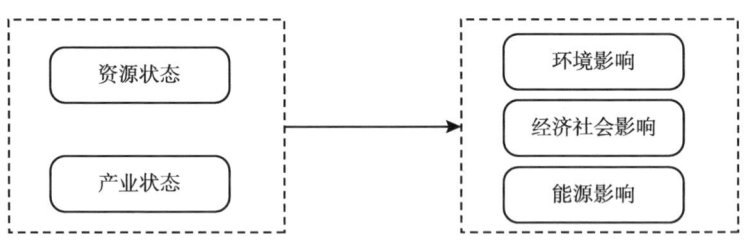

图4-9 状态因素对影响因素作用机理

（四）响应因素作用机理

响应因素是政府等管理部门为预防和改善非预期的系统变化，或激励预期的系统变化而采取的措施，响应因素对驱动力因素、压力因素、状态因素和影响因素产生反作用力。根据 DPSIR 理论模型的内在逻辑，响应因素直接作用于驱动力因素、响应因素直接作用于压力因素、响应因素直接作用于状态因素、响应因素直接作用于影响因素。由于研究内容不同，响应因素对驱动力因素、压力因素、状态因素和影响因素的作用方向不同。

孙才志等指出面对水资源贫困，通过实施水资源管理和环境保护的措施，能够推动经济社会发展，改善社会生产和消费方式，减轻由于经济社会发展引起的水资源使用量和废水排放量增加，有助于水量增加和水质改善，缓解由水资源安全对经济社会产生的负面影响，即响应因素正向作用于驱动力因素，响应因素负向作用于压力因素，响应因素正向作用于状态因素，响应因素负向作用于影响因素[165]。秦晓楠等（2019）指出旅游城市的生态管理措施能够有效改善当地经济社会发展环境，刺激旅游业发展，改善和修复生态环境，保证当地经济社会的可持续发展，即响应因素正向作用于驱动力因素、响应因素正向作用于状态因素[168]。

生物质能源产业发展系统的响应因素体现了应对能源短缺问题和环境污染问题，依靠管理决策部门采取积极措施所产生的效果。黑龙江省重点国有林区生物质能源开发利用技术仍存在瓶颈[94]，虽然中国在生物质发电、纤维素转化液体燃料、固体成型燃料及生物质气化方面取得一定进展，但在原料预处理、转化效率及配套设备等核心技术方面仍存在瓶颈。生物质能源产业属于技术密集型产业，提高技术水平对产业整体发展具有重要意义。生物质能源产业的发展离不开技术水平提升、经济投入增加及政策完善，这些响应措施改善了黑龙江省重点国有林区经济社会环境，减少了高耗能的社会生产活动，优化了经济社会发展模式，调节了能源消费结构，促进了生物质能源产业的可持续发展，即响应因素正向作用于驱动力因素（见图4-10）。生物质能源产业发展的响应措施能够有效缓解环境污染和能源短缺，减轻经济社会发展对环境和资源产生的压力，即响应因素负向作用于压力因素（见图4-10）。同时，这些响应措施也是促进生物质能源产业发展的一种手段，有助于林区充分利用生物质能源资源，改善生物质能源产业状态，即响应因素正向作用于状态因素（见图4-10）。生物质能源产业发展能够延长林业和农业产业链，带动林区经济发展，提高居民收入水平，改善能源消费结构，即响应因素正向作用于影响因素（见图4-10）。综上所述，提出假设H_4、H_5、H_6和H_7。

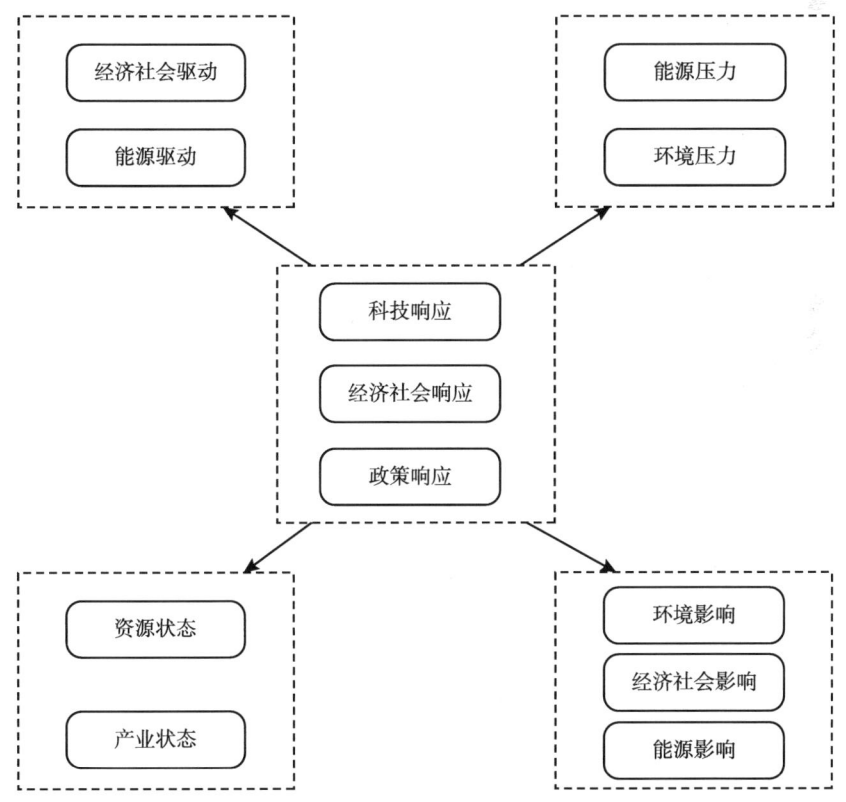

图4-10 响应因素对其他因素作用机理

H₄：黑龙江省重点国有林区生物质能源产业发展系统响应因素显著正向作用于驱动力因素。

H₅：黑龙江省重点国有林区生物质能源产业发展系统响应因素显著负向作用于压力因素。

H₆：黑龙江省重点国有林区生物质能源产业发展系统响应因素显著正向作用于状态因素。

H₇：黑龙江省重点国有林区生物质能源产业发展系统响应因素显著正向作用于影响因素。

二、理论模型构建

前文基于"DPSIR"分析范式，界定了黑龙江省重点国有林区生物质能源产业发展的影响因素，从驱动力、压力、状态、影响和响应五个维度梳理了影响因素间的作用关系。在此基础上，本节构建了黑龙江省重点国有林区生物质能源产业发展机理的理论模型（见图4-11）。本书认为驱动力因素显著正向作用于压力因素，压力因素显著正向作用于状态因素，状态因素显著正向作用于影响因素，响应因素显著正向作用于驱动力因素，响应因素显著负向作用于压力因素，响应因素显著正向作用于状态因素，以及响应因素显著正向作用于影响因素。

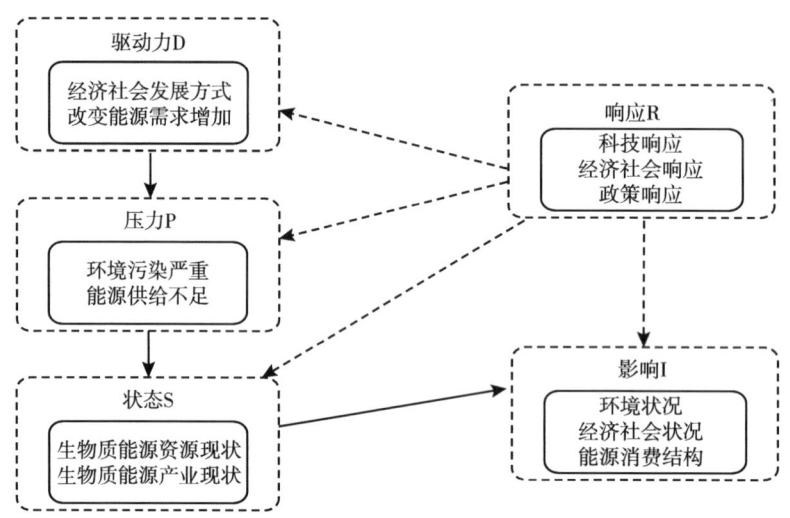

图4-11　黑龙江省重点国有林区生物质能源产业发展机理理论模型

发展生物质能源产业是黑龙江省重点国有林区经济转型的必然趋势，符合林区发展的历史规律。全面停伐后，黑龙江省重点国有林区以采伐和加工为主的传统产业受到冲击，以木材资源换取经济社会发展的方式已不符合新时期林区发展需求。现阶段，黑龙江省重点国有林区丰富的农林剩余物资源，为生物质能源产业发展提供了原料保障，发展生物质能源产业是全面停伐后，林区经济社会发展的新选择。本书通过界定生物质能源产业发展的影响因素，梳理影响因素之间的作用关系，构建了黑龙江省重点国有林区生物质能源产业发展机理的理论模型。从生物质能源产业发展驱动力因素为研究起点，对能源和环境造成双重压力，在"隐性"驱动力因素和"显性"压力因素共同作用下，引起生物质能源资源和产业状态变化，对环境、经济社会和能源消费结构产生影响，从科技、经济社会和政策等方面提出响应措施，这些响应措施有助于改变林区经济社会发展方式，减轻环境污染和能源短缺问题，改善生物质能源产业发展现状，减少温室气体排放、改变林区经济社会发展方式、调节能源消费结构。这一系列的作用关系形成了黑龙江省重点国有林区生物质能源产业发展机理，基于这些作用关系，构建了黑龙江省重点国有生物质能源产业发展机理的理论模型。

三、影响因素间假设关系

基于 DPSIR 理论模型，梳理了黑龙江省重点国有林区生物质能源产业发展影响因素间的作用关系，共提出 4 组 7 个假设，驱动力因素作用于压力因素，压力因素作用于状态因素，状态因素作用于影响因素，响应因素反作用于驱动力因素、压力因素、状态因素及影响因素。对上述各种假设及其对应的研究内容进行汇总，得到表 4 - 1。

表 4 - 1　　　　　黑龙江省重点国有林区生物质能源
产业发展影响因素假设关系

序号	对应研究内容	假设	假设内容
1	考察驱动力因素的作用机理	假设 H_1	驱动力因素显著正向作用于压力因素
2	考察压力因素的作用机理	假设 H_2	压力因素显著正向作用于状态因素
3	考察状态因素的作用机理	假设 H_3	状态因素显著正向作用于影响因素

续表

序号	对应研究内容	假设	假设内容
4	考察响应因素的作用机理	假设 H_4	响应因素显著正向作用于驱动力因素
5		假设 H_5	响应因素显著负向作用于压力因素
6		假设 H_6	响应因素显著正向作用于状态因素
7		假设 H_7	响应因素显著正向作用于影响因素

第四节 本章小结

本章阐述了黑龙江省重点国有林区生物质能源产业发展目标的内涵，并基于"DPSIR"分析范式，界定了生物质能源产业发展的影响因素，分析了影响因素间的作用关系，构建了黑龙江省重点国有林区生物质能源产业发展机理的理论模型，提出了研究的假设关系，为下一章黑龙江省重点国有林区生物质能源产业发展机理验证奠定了基础。研究表明：一是，黑龙江重点国有林区生物质能源产业发展目标是推动林区生物质能源产业发展进程，加速林区产业结构转型升级，促进林区"生态—经济—社会"协调发展。二是，黑龙江省重点国有林区生物质能源产业发展机理的假设关系为：驱动力因素正向作用于压力因素，压力因素正向作用于状态因素，状态因素正向作用于影响因素，响应因素正向作用于驱动力因素，响应因素负向作用于压力因素、响应因素正向作用于状态因素，以及响应因素正向作用于影响因素。

第五章 黑龙江省重点国有林区生物质能源产业发展机理验证

第四章构建了黑龙江省重点国有林区生物质能源产业发展机理的理论模型，提出了研究假设，包括驱动力因素对压力因素的作用，压力因素对状态因素的作用，状态因素对影响因素的作用，响应因素对驱动力因素的作用、响应因素对压力因素的作用、响应因素对状态因素的作用及响应因素对影响因素的作用。本章利用偏最小二乘结构方程模型，对上一章提出的研究假设进行验证，明确黑龙江省重点国有林区生物质能源产业发展机理。

第一节 指标选取及数据来源

第四章定性分析了黑龙江省重点国有林区生物质能源产业发展的影响因素，在此基础上，根据指标选取原则，确定表征生物质能源产业发展影响因素的具体指标，并对样本数据进行初步处理，为后续机理验证做准备。

一、指标选取原则

为了构建行之有效的指标体系，首先要明确指标评价体系的设计原则，建立黑龙江省重点国有林区生物质能源产业发展机理的指标体系框架和内容，选取适合的指标进行描述。科学合理地评价指标体系，前提是对研究对象的准确理解，进而得到可信的评价结果。因此，本书根据以下原则构建黑龙江省重点国有林区生物质能源产业发展机理的指标体系。

(一) 科学性原则

指标体系应符合科学发展的寓意，保证指标体系结构的合理性，从根本上反映评价目标和选取指标之间的真实关系。构建黑龙江省重点国有林区生物质能源产业发展机理指标体系时，要充分理解研究对象的内涵，厘清生物质能源产业发展机理的内在联系，使其既能全面地反映产业发展进程，又能准确地体现某一具体内容。科学的指标体系是后续模型选择的基础，能够最大程度上保证结果的准确性。

(二) 系统性原则

生物质能源产业发展是一个涉及多维度的概念，应该将其视为一个完整有机体，选择适合指标进行描述。生物质能源产业发展的影响因素不仅取决于产业自身状况，还取决于生态环境、经济环境和社会环境等因素对产业发展的影响。黑龙江省重点国有林区生物质能源产业发展机理指标体系应尽可能地考虑到指标的系统性、整体性和相关性，客观地反映生物质能源产业发展机理整体的协调性及各子系统之间的独立性，包含各方面的影响因素，以确保指标体系能够全面综合地表征生物质能源产业发展机理的多维度特征。

(三) 动态性原则

生物质能源产业发展是一个动态变化过程，会随着原料资源禀赋、开发利用技术和经济社会发展变化而改变。生物质能源产业发展受多方面因素的共同影响，具有时空性及耦合性。因此，评价指标体系也应该是动态的，也能够反映当前生物质能源产业发展水平和发展程度，预测未来产业发展趋势。

(四) 可操作性原则

生物质能源产业发展机理指标既要考虑指标内涵的覆盖性和代表性，又要确保指标是通过科学方法获取、统计口径一致，且具有明确意义。理论上，黑龙江省重点国有林区生物质能源产业发展机理的指标体系应包括生态环境、经济环境、社会环境及产业自身状况等多方面的影响因素，但在指标实际收集过程中，一些数据难以获取，或指标内容难以理解，不适宜在指标体系中使用。所以，在指标体系构建过程中，尽量选取有代表性且是成熟量表的公认指标，这有利于指标数据的收集和整理，顺利完成生物质能源产业发展机理的验证[171,172]。

（五）完备性和简洁性相结合原则

生物质能源产业发展受多方面因素的共同影响，构建指标体系时，应充分考虑多种因素的共同作用。指标体系是由多个子系统构成的复杂系统，生物质能源产业发展可以看作一级指标，每个子系统是一个二级指标，二级指标又可以分解成若干个三级指标。这就需要指标体系具有完备性，涉及生物质能源产业发展的各个环节，反映发展的真实状况。为了保证指标体系具有简洁性，指标不能过于烦琐和细化，要用尽量少的指标反映生物质能源产业发展机理的内涵，对指标取舍时，避免因小失大，导致指标所代表信息出现重复。鉴于此，黑龙江省重点国有林区生物质能源产业发展机理的指标体系既要能够自上而下分解，又要能自下而上综合，做到完备性和简洁性的统一，使结果清晰明了且便于理解。

二、指标确定

（一）驱动力因素

根据前文构建的理论模型，在黑龙江省重点国有林区生物质能源产业发展机理研究中，驱动力因素是生物质能源产业发展的原始动力。前文分析表明：全面停伐后，经济社会发展方式改变及能源需求增加是黑龙江省重点国有林区生物质能源产业发展的驱动力。因此，从经济社会驱动力因素和能源驱动力因素两方面，梳理表征黑龙江省重点国有林区生物质能源产业发展驱动力因素的指标。根据黑龙江省重点国有林区生物质能源产业特点，借鉴相关研究，陈兆荣和雷勋平[173]、孙涵等[174]及孙贵艳和王胜[175]对中国能源安全的研究，选取5项指标，用来表征黑龙江省重点国有林区生物质能源产业发展的驱动力因素。

表 5-1 驱动力因素指标选取

潜变量	一级显变量	二级显变量	作用方向	文献基础
驱动力因素 D	经济社会驱动力	人均可支配收入（D_1）	+	陈兆荣和雷勋平（2015）；孙贵艳和王胜（2019）
		人均 GDP（D_2）	+	
		人口增长率（D_3）	+	
	能源驱动力	万元 GDP 能耗（D_4）	+	陈兆荣和雷勋平（2015）；孙涵等（2018）
		人均能源消耗量（D_5）	+	

（二）压力因素

根据前文构建的理论模型，在黑龙江省重点国有林区生物质能源产业发展机理研究中，压力因素是驱动力因素的直接表现，是生物质能源产业发展状态变化的直接原因，压力因素和驱动力因素共同推动了黑龙江省重点国有林区生物质能源产业发展。黑龙江省重点国有林区经济社会发展方式改变、居民家庭用柴短缺，能源需求大幅增加，不仅造成严重环境污染，也导致能源供应出现缺口，对环境和能源造成双重压力，这些压力成为黑龙江省重点国有林区生物质能源产业发展的直接推动力。根据黑龙江省重点国有林区生物质能源产业特点，借鉴相关研究，郭明晶等[176]对天然气安全影响因素的研究，范爱军和万佳佳[177]对中国能源安全综合评价的研究，郭玲玲等[178]对能源安全系统仿真模拟的研究，薛静静等[179]对能源供给安全障碍因素的研究，选取 4 项指标，用来表征黑龙江省重点国有林区生物质能源产业发展的压力因素。

表 5-2 压力因素指标选取

潜变量	一级显变量	二级显变量	作用方向	文献基础
压力因素 P	环境压力	人均 SO_2 排放量（P_1）	+	郭明晶等（2018）；范爱军和万佳佳（2018）
		人均 CO_2 排放量（P_2）	+	
	能源压力	能源自给率（P_3）	−	郭玲玲等（2015）；薛静静等（2014）
		能源供应缺口（P_4）	+	

（三）状态因素

根据前文构建的理论模型，在黑龙江省重点国有林区生物质能源产业发展机理研究中，状态因素是驱动力因素和压力因素共同作用的结果，是分析影响因素和响应因素的基础。状态因素反映了生物质能源产业发展的当前状态和未来趋势，本书从资源和产业两方面对黑龙江省重点国有林区生物质能源产业发展的状态因素进行梳理。根据黑龙江省重点国有林区生物质能源产业特点，借鉴相关研究，宓春秀[180]对生物质能源供给能力影响因素的研究，冯雪等（2019）[83]对黑龙江省重点国有林区生物质能源可利用潜力的研究，于丹等（2016）[127]对林木生物质能源区域发展潜力的研究，选取7项指标，用来表征黑龙江省重点国有林区生物质能源产业发展的状态因素。根据第三章生物质能源资源现状的分析，全面停伐后森林抚育剩余物取代商品林采伐剩余物成为占比最大的林木生物质能源资源。活立木蓄积指标表征木材资源禀赋，既能描述商品林采伐剩余物的资源状态，又能反映森林抚育剩余物的资源状态，是表征林木生物质能源资源状态的重要指标。参照于丹等（2016）的研究，根据黑龙江省重点国有林区生物质能源产业发展的现实情况，生物质发电技术相对成熟，生物质发电项目发展较快，生物质发电在生物质能源产业中占有重要地位，生物质发电量是林区生物质能源产业状态最直接的表现，因此选取生物质发电量指标表征黑龙江省重点国有林区生物质能源产业发展状态。

表5-3　　　　　　　　　状态因素指标选取

潜变量	一级显变量	二级显变量	作用方向	文献基础
状态因素 S	资源状态	活立木总蓄积（S_1）	+	宓春秀（2018）；冯雪等（2019）
		林木生物质能源资源量（S_2）	+	
		农作物秸秆播种面积（S_3）	+	
		农作物秸秆能源资源量（S_4）	+	
	产业状态	生物质发电量并网装机容量（S_5）	+	于丹等（2016）
		生物质发电量（S_6）	+	
		林业生产总值（S_7）	+	

（四）影响因素

根据前文构建的理论模型，在黑龙江省重点国有林区生物质能源产业发展机理研究中，在驱动力因素和压力因素作用下，生物质能源产业发展状态发生改变，对林区社会经济结构等多方面产生影响，具体表现在对环境、经济社会和能源消费结构的影响。根据黑龙江省重点国有林区生物质能源产业特点，借鉴相关研究，杨静和张培栋[181]对农村生物质能源利用减排的研究，科内利森等（Cornelissen et al.，2012）[182]对生物质能源在全球能源系统中重要性的研究，古斯塔夫松等（Gustavsson et al.，2015）[183]对生物质能源影响气候变化的研究，高柱等（2011）[184]对林业生物质能源发展趋势的研究，肖丽娜（2014）[185]对国外生物质能源发展潜力的研究，于丹等（2016）[127]对林木生物质能源区域发展潜力的研究，选取8项指标，用来表征黑龙江省重点国有林区生物质能源产业发展的影响因素。

表5-4　　　　　　　　　　　影响因素指标选取

潜变量	一级显变量	二级显变量	作用方向	文献基础
影响因素 I	环境影响	SO_2 年均浓度（I_1）	-	杨静和张培栋（2012）；科内利森等（2012）；古斯塔夫松等（2015）
		空气优良天数比例（I_2）	+	
	经济社会影响	GDP（I_3）	+	高柱等（2011）；肖丽娜（2014）
		就业率（I_4）	+	
		林业系统在岗职工平均工资（I_5）	+	
	能源影响	原煤消费量（I_6）	-	于丹等（2016）
		原油消费量（I_7）	-	
		天然气消费量（I_8）	-	

（五）响应因素

根据前文构建的理论模型，在黑龙江省重点国有林区生物质能源产业发展机理研究中，响应因素是对生物质能源产业发展压力和状态变化综合判断后所采取的积极措施，具体表现在应对能源短缺和环境污染问题，管理决策部门实施积极措施产生的对黑龙江省重点国有林区生物质能源产业发展的推动效果。黑龙江省重点国有林区生物质能源产业发展离不开科技进步、资金投入、政策扶持，因此本书从科技、经济社会和政策等方面选取指标。根据黑龙江省重点国有林区生物质能源产业特点，借鉴相关研究，吉敏和耿丽敏（2019）[186]对林业生物质能源发展的研究，王秀峰等（2012）[187]和沈西林（2011）[188]对生物质能源产业发展影响因素的研究，刘诗琦等（2019）[189]对林业生物质能源产业可持续发展路径的研究，陈发伟等（2019）[190]对日本林木生物质能源政策效果的研究，胡静等（2020）[191]对市场和政策影响生物质能源绩效的研究，选取6项指标，用来表征黑龙江省重点国有林区生物质能源产业发展的响应因素。

表 5-5　　　　　　　　　　响应因素指标选取

潜变量	一级显变量	二级显变量	作用方向	文献基础
响应因素 R	科技响应	生物质能源研发投入强度（R_1）	+	吉敏和耿丽敏（2019）；王秀峰等（2012）
		生物质能源技术水平（R_2）	+	
		林业系统专业技术人员人数（R_3）	+	
	经济社会响应	生物质能源发展投入强度（R_4）	+	王秀峰等（2012）；沈西林（2011）；于丹等（2016）
		公路运输能力（R_5）	+	
	政策响应	生物质能源产业发展相关政策（R_6）	+	刘诗琦等（2019）；陈发伟等（2019）；胡静等（2020）

三、数据来源

根据第二章对黑龙江省重点国有林区范畴的界定，黑龙江省重点国有林区包括中国龙江森林工业集团有限公司和黑龙江伊春森林集团有限责任公司，共40个林业局所在的经济社会区域，分布在黑龙江省的10个地市。本章所用数据主要来自《中国林业统计年鉴》（2005~2017）、《黑龙江统计年鉴》（2006~2018）、《黑龙江森林工业综合统计资料汇编》（2005~2017）、黑龙江省森林工业总局统计资料（2005~2017）、黑龙江省环境状况公报（2005~2017），哈尔滨、鸡西、鹤岗、双鸭山、伊春、佳木斯、七台河、牡丹江、黑河和绥化十个城市的国民经济和社会发展统计公报（2005~2017），部分缺失数据采用插值法补齐。其中，林木生物质能源资源量和农作物秸秆能源资源量来自第三章的计算结果，人均 CO_2 浓度数据来自张滨和吕洁华的研究结果[192]，生物质发电累计并网装机容量和生物质发电量来自《可再生能源数据手册》《国家能源局关于2016年度全国生物质发电监测评价的通报》和《国家能源局关于 2017 年度全国可再生能源电力发展监测评价的通报》，生物质能源产业政策数量来自相关网站。

第二节　研究方法选择

结构方程模型是建立在传统统计方法基础上的线性统计建模技术，是对探索性因子分析、验证性因子分析、方差分析、多元回归分析和路径分析等多种统计方法的综合运用。根据本书样本数据特征，选择偏最小二乘结构方程模型，验证黑龙江省重点国有林区生物质能源产业发展机理。

一、结构方程模型述评

结构方程建模方法（SEM）是基于变量协方差矩阵分析变量间关系的多元统计方法。20 世纪 70 年代，结构方程模型在卡尔·乔雷斯科格和道格·蒙博姆等学者提出的统计理论基础上构建，可以解释一对多或多对多个自变量与因变量之间的复杂关系，能够很好地弥补传统统计方法的不足，被称为"第二代多元统计方法"[193]。到 20 世纪 80 年代结构方程模型方法已发展较为成熟，广泛地应用于社会科学领域研究中。结构方程模型也称为因果关系模型，能够描述系统中变量之间的多种关系，与传统回归分析等统计方法相比，结构方程模型既能够分析变量之间的直接关系，又能反映变量之间的间接关系。

结构方程模型描述了潜变量之间及潜变量和对应显变量之间的复杂因果关系，包括两类变量[194]：潜变量也称不可直接观测变量，用于说明抽象概念，反映不能够直接观测的变量；显变量也称可观测变量，是能够直接收集到数据的变量。结构方程模型由两部分组成：测量方程，也称外部模型；结构方程，也称内部模型（见图 5-1）。

第五章 黑龙江省重点国有林区生物质能源产业发展机理验证

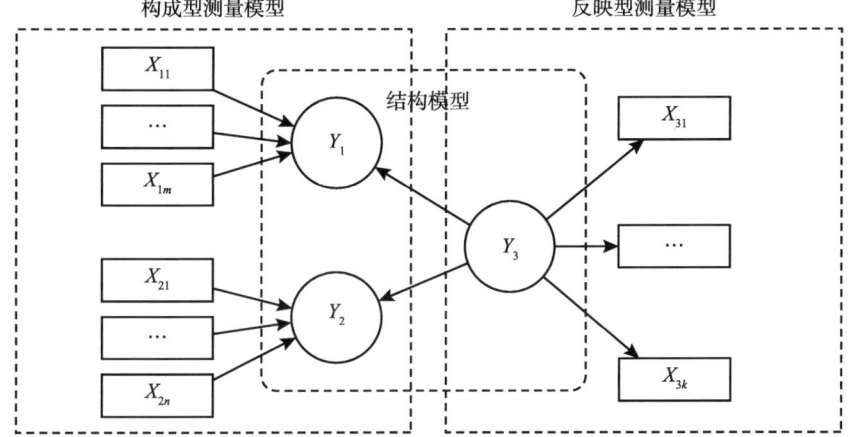

图 5 - 1 结构方程模型的结构

测量模型描述了显变量与其对应的潜变量之间的关系，其表现形式为：

$$x = \Lambda_x \xi + \varepsilon_x \tag{5-1}$$

$$y = \Lambda_y \eta + \varepsilon_y \tag{5-2}$$

其中，ξ 是外生潜变量，x 是外生显变量，是 ξ 的观测指标，Λ_x 是外生显变量在外生潜变量上的因子载荷矩阵，ε_x 是外生显变量 x 的误差项。η 是内生潜变量，y 是内生显变量，是 η 的观测指标，Λ_y 是内生显变量在内生潜变量上的因子载荷矩阵，ε_y 是内生显变量 y 的误差项。

测量模型又可分为反映型模型（Reflective Model）和构成型模型（Formative Model）[195]。反映型模型的箭头方向是从潜变量指向显变量，构成型模型的箭头方向是从显变量指向潜变量，二者路径图的表现形式不同（见图 5 - 1）。

结构模型描述了潜变量之间的关系，其表现形式为：

$$\eta = A\eta + B\xi + \varepsilon \tag{5-3}$$

其中，A 是内生潜变量之间的关系，B 是外生潜变量与内生潜变量之间的关系，ε 是结构方程的误差项。

结构方程模型主要有两大类估计方法：一是，以协方差为基础的建模方法（Lisrel）。该方法是利用协方差与样本协方差构造一个拟合函数，通过迭代方法得到最优拟合函数值的参数估计，寻求样本方差矩阵与理论模型协方差矩阵的最小差异，保证参数估计的准确度。Lisrel 估算方法对样本规模、样本形态和模型识别条件的要求较为严格，观测值之间要相互独立，且服从正态分布。因此，Lisrel 被称为"硬建模"方法（Hard Modeling）[196]。二是，以方差为基础的建模方法（PLS）[197]。该方法结合了主成分分析和多元回归分析的迭代估计，对潜变量的显变量子集提取主成分，并放到回归模型中，构造最小误差平方和的拟合函数，以实现最大化的预测能力。PLS 估算方法不需要在参数估计前进行模型识别，对样本数量及分布的要求较低，即小样本数据呈现非正态分布、共线性时，观测数据的拟合精度仍较高。因此，PLS 被称为"软建模"方法[198]。

二、偏最小二乘结构方程模型

（一）偏最小二乘结构方程模型基本结构

偏最小二乘结构方程模型（PLS – SEM）是采用回归分析方法，对最小内生变量的残差变量进行分析。PLS – SEM 是基于最小二乘法估计模型，后进行典型相关分析，通过一系列线性聚集和普通最小二乘回归方法计算潜变量的路径系数，能够更好地预测可观测指标及其他相关变量[199]。构建 PLS – SEM 包括模型设定、模型估计、模型评价、模型修正和模型确定共 5 个步骤（见图 5 – 2）。模型设定是模型构建的第一步，根据相关理论或经验性结论，用因果关系路径图描述变量之间的关系，并将其转化为结构方程模型的形式。PLS – SEM 模型估计是通过迭代方法进行参数估计，包括对测量模型和结构模型的估计。模型评价主要是检查模型能否有效地对观测变量进行检验，包括信度和效度检验及模型总体检验。在模型评价后，若数据拟合效果不好，则需要对模型进行修正，PLS – SEM 建模过程是不断调整的过程，修正后的模型仍需进行检验，直到满足理论要求，得到较好的拟合效果，建模结束。

PLS – SEM 方法已经发展成熟，但到 21 世纪初较为方便的 PLS 分析软件才被开发出来[200]。目前，PLS – SEM 的分析软件主要有 VisualPLS、PLS – Graph、WrapPLS 和 SmartPLS[201]。其中，VisualPLS 和 PLS – Graph 软件长时间没有重大更新，WrapPLS 软件价格较高，更适用于商业研究。相对来说，SmartPLS 是一款功能完善、界面友好且易操作的 PLS 软件，软件开放商也提供了知识分享平台（http://www.smartpls.de），允许下载免费试用版本。鉴于此，本书利用 SmartPLS 软件验证黑龙江省重点国有林区生物质能源产业发展机理。

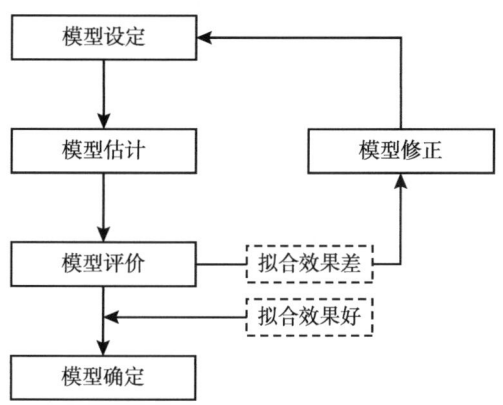

图 5-2　PLS-SEM 建模流程

（二）偏最小二乘结构方程模型参数估计

PLS-SEM 参数估计包括 7 个步骤[202,203]：显变量中心化、外部近似估计、内部近似估计、权重估计、迭代结束条件、隐变量求解及载荷和路径系数确定。具体步骤如下：

1. 显变量中心化

PLS-SEM 模型中每一个显变量（x_{ij}，y_{ij}）都有 n 个观测值，即：

$$x_{ij} = (x_{ij1}, x_{ij2}, \cdots, x_{ijn})$$
$$y_{ij} = (y_{ij1}, y_{ij2}, \cdots, y_{ijn}) \quad (5-4)$$

式（5-4）中，$i=1, 2$；$j=1, 2, 3$。通过显变量中心化，令 $E(x_{ij}) = E(y_{ij}) = 0$。

2. 外部近似估计

外部近似估计是指构成隐变量的外在估计值，其表现形式为：

$$X_i^{t+1} = f_i^{t+1} \sum_{j=1}^{3} (w_{ij}^t \cdot x_{ij})$$
$$Y_i^{t+1} = g_i^{t+1} \sum_{j=1}^{3} (w_{ij}^{*t} \cdot y_{ij}) \quad (5-5)$$

式（5-5）中，X_i^{t+1} 是隐变量 ξ_i 在 t 次迭代后外部估计值的向量，Y_i^{t+1} 是隐变量 η_i 在 t 次迭代后外部估计值的向量，t 为迭代标记，f_i^{t+1} 和

g_i^{t+1} 为令 $\text{Var}(X_i^{t+1}) = \text{Var}(Y_i^{t+1}) = 1$ 的标量，w_{ij}^t 和 w_{ij}^{*t} 为显变量的权重。根据外部关系不同，可以选择简单回归、多元回归及二者相结合的方法确定权重[204]。

3. 内部近似估计

内部近似估计是构成隐变量的内部估计值，其表现形式为：

$$\xi_i^{t+1} = f_i^{*t+1} \sum_\alpha (\theta_{i\alpha}^{t+1} \cdot X_\alpha^{t+1} + \lambda_{i\alpha}^{t+1} \cdot Y_\alpha^{t+1})$$
$$\eta_i^{t+1} = g_i^{*t+1} \sum_\alpha (\theta_{i\alpha}^{*t+1} \cdot X_\alpha^{t+1} + \lambda_{i\alpha}^{*t+1} \cdot Y_\alpha^{t+1}) \quad (5-6)$$

式（5-6）中，α 代表相邻的隐变量，即在路径图中与其他隐变量存在路径关系的隐变量，ξ_i^{t+1} 为隐变量 ξ_i 在 t 次迭代后内部估计值的向量，η_i^{t+1} 是隐变量 η_i 在 t 次迭代后内部估计值的向量，f_i^{*t+1} 和 g_i^{*t+1} 为令 $\text{Var}(\xi_i^{t+1}) = \text{Var}(\eta_i^{t+1}) = 1$ 的标量，$\theta_{i\alpha}^{t+1}$、$\theta_{i\alpha}^{*t+1}$、$\lambda_{i\alpha}^{t+1}$ 和 $\lambda_{i\alpha}^{*t+1}$ 为潜变量的内部权重。根据内部关系不同，可以选择重点加权、路径加权和因子加权 3 种内部赋权的方法[205]。

4. 权重估计

权重估计是确定显变量的权重。由于测量模型可分为反映型和构成型，权重估计的方法也分为两种。反映型模型权重为显变量的因子载荷，构成型模型权重为观测变量的回归系数。反映型模型权重估计公式为：

$$x_{ij} = w_{ij}^{t+1} \cdot \xi_i^{t+1} + \varepsilon_{x,ij}^{t+1}$$
$$y_{ij} = w_{ij}^{*t+1} \cdot \eta_i^{t+1} + \varepsilon_{x,ij}^{t+1} \quad (5-7)$$

构成型模型权重估算公式为：

$$\xi_i^{t+1} = \sum_j (w_{ij}^{t+1} \cdot x_i + \delta_{\xi,i}^{t+1}) \quad (5-8)$$

5. 迭代结束条件

当一轮外部近似估计、内部近似估计和权重估计结束后，需要判断迭代是否满足结束条件，如果没有满足条件，需要将式（5-7）和式（5-8）代入式（5-5）中进行下一轮迭代。常用迭代结束条件为：

$$|w_{ij}^t - w_{ij}^{t+1}| < 10^{-5} \text{ 与 } |w_{ij}^{*t} - w_{ij}^{*t+1}| < 10^{-5}$$
$$\text{或} \left| \frac{w_{ij}^t - w_{ij}^{t+1}}{w_{ij}^t} \right| < 10^{-5} \text{ 与 } \left| \frac{w_{ij}^{*t} - w_{ij}^{*t+1}}{w_{ij}^{*t}} \right| < 10^{-5} \quad (5-9)$$

6. 因变量求解

根据迭代后权重，计算因变量对应的向量值。

$$\xi_i^T = \sum_{j=1}^{3}(w_{ij}^T \cdot x_{ij})$$
$$\mu_i^T = \sum_{j=1}^{3}(w_{ij}^{*T} \cdot y_{ij}) \qquad (5-10)$$

式 (5-10) 中，T 为迭代后结果。

7. 载荷和路径系数确定

利用最小二乘法对计算得到的潜变量值和已知的显变量值进行拟合，估算出载荷和路径系数。

(三) 偏最小二乘结构方程模型适用性

基于 DPSIR 理论模型，从因果关系视角，梳理了黑龙江省重点国有林区生物质能源产业发展影响因素之间的作用关系，构建了生物质能源产业发展机理的理论模型，提出了研究假设。本书选择偏最小二乘结构方程模型 (PLS – SEM) 对提出的研究假设进行验证，原因如下：

第一，PLS – SEM 符合本书研究目的。生物质能源产业发展机理研究尚在初始阶段，其内部因果关系的研究较少，理论体系上不完善，属于一项探索性研究。本书研究黑龙江省重点国有林区生物质能源产业发展机理，扩展了现有生物质能源产业发展研究理论的扩展，重点关注显变量对潜变量的预测及潜变量之间的相互作用关系，而不是验证参数估计值的大小。PLS – SEM 通过一部分变量对另一部分变量的预测，得出变量之间的相互作用关系，更适合用于探索性研究[206]，与本书研究目的相符。

第二，PLS – SEM 对样本数量要求较少。PLS – SEM 是基于有限信息的估计方法，与 Lisrel 建模方法相比，对样本数量要求少很多。本书样本数据是通过各类统计资料收集的，鉴于指标适用性和数据可获取性，无法向调查问卷一样建立旁大的样本数据库。PLS – SEM 能够在样本数据较少的情况下，对研究问题进行有效分析，满足本书研究需求。

第三，PLS – SEM 对样本数据特征要求不高。本书数据主要来自各类统计年鉴，有很大可能性会呈现有偏分布，达不到正态分布要求。PLS – SEM 对数据分布没有严格限制，可以用于估计有偏分布的数据，且 PLS –

SEM 以回归分析为基础，只需数据满足最小二乘回归的要求，对数据特征没有额外要求，适用于本书样本数据分析。

三、数据处理

在确定了黑龙江省重点国有林区生物质能源产业发展机理的指标体系和研究方法的基础上，对样本数据进行初步处理，根据正态性检验判断样本数据的分布状况，避免极端分布对结果产生影响，利用标准化处理消除样本数据量纲和作用方向对结果的影响。

（一）正态性检验

PLS-SEM 是一种非参数统计方法，不要求数据呈现正态分布，但仍有必要分析数据的正态性，避免数据出现极度偏差，影响参数估计的显著性。常用正态分布检验方法主要有 Kolmogorov-Smirnov 检验（KS 检验）和 Shapiro-Wilks 检验（SW 检验），这两种方法对数据正态分布假设进行检验，根据显著性确定是否接受假设，确定样本数据是否呈正态分布，但无法反映样本数据是否出现了极端偏态分布[207]。本书通过计算偏度和峰度这两个描述正态分布的指标，既能检验样本数据是否呈现正态分布，又能确定是否出现极端分布。偏度用于检验样本数据分布是否左右对称，若偏度值大于 1 的绝对值，则为偏态分布。峰度用于检验样本数据分布是否过于集中，若峰度值大于 1 的绝对值，则峰度过于陡峭（或平坦）。如果样本数据的偏度和峰度大于 1 的绝对值，表明样本数据呈现非正态分布。

利用 SPSS 25 计算了本书样本数据的偏度和峰度，结果如表 5-6 所示。结果表明：驱动力指标 D_1、D_2 和 D_4，压力指标 P_1 和 P_4，状态指标 S_1、S_5、S_6 和 S_7，影响指标 I_1、I_3、I_4 和 I_5，响应指标 R_2、R_4、R_5 和 R_6，这些指标呈现非正态分布。除 I_1 的峰度超过 10 外，其他指标偏度和峰度的绝对值都不大，表明样本数据不呈现极端分布。因此，本书样本数据为非正态、非极端分布，可以用 PLS-SEM 进行计算。

表 5-6　　　　　　　　　　样本数据的偏度和峰度

潜变量	显变量	偏度	峰度	潜变量	显变量	偏度	峰度
驱动力	D_1	0.179	-1.451	影响	I_1	-3.281	11.428
	D_2	0.042	-1.402		I_2	-0.972	0.959
	D_3	-0.680	-0.813		I_3	-0.107	-1.470
	D_4	0.167	-1.796		I_4	-0.469	-1.324
	D_5	-0.755	-0.768		I_5	0.435	-1.252
压力	P_1	-1.762	2.625		I_6	0.865	-0.539
	P_2	-0.600	-0.932		I_7	0.049	-0.432
	P_3	-0.632	-0.690		I_8	0.161	-0.218
	P_4	-0.223	-1.242	响应	R_1	-0.432	-0.562
状态	S_1	0.166	-1.064		R_2	0.002	-2.060
	S_2	0.206	-0.585		R_3	-0.120	-0.575
	S_3	0.085	-0.680		R_4	1.824	2.214
	S_4	0.498	-0.912		R_5	-2.974	9.670
	S_5	2.279	5.145		R_6	-1.219	0.879
	S_6	2.087	4.158				
	S_7	-0.153	-1.453				

(二) 数据标准化

由于各指标单位不同，存在量纲限制，且对黑龙江省重点国有林区生物质能源产业发展的作用方向不同，为消除量纲和作用方向对结果的影响，生物质能源产业发展机理验证之前，利用极值法对样本数据进行标准化处理，具体步骤如下：

1. 构建标准化矩阵 X_{ij}

$$X_{ij} = \{x_{ij}\}_{m \times n} = \begin{bmatrix} x_{11} & x_{12} & \cdots & x_{1n} \\ x_{21} & x_{22} & \cdots & x_{2n} \\ \vdots & \vdots & \cdots & \vdots \\ x_{m1} & x_{m2} & \cdots & x_{mn} \end{bmatrix} \quad (5-11)$$

2. 指标进行极值处理

正向指标计算公式为：

$$x_{ij} = \frac{x_{ij} - x_{\min}}{x_{\max} - x_{\min}} \tag{5-12}$$

逆向指标计算公式为：

$$x_{ij} = \frac{x_{\max} - x_{ij}}{x_{\max} - x_{\min}} \tag{5-13}$$

式中，x_{ij} 为指标标准化后的数值，表示第 i 个样本的第 j 个指标值，$i = 1, 2, \cdots, m$，$j = 1, 2, \cdots, n$，m 为指标数，n 为年份。

第三节 模型检验

结构方程模型是一个复杂的框架结构，既包括显变量对潜变量的作用关系，也包括潜变量之间的作用关系。因此，需要对结构方程模型进行检验，主要是检查该模型能否充分有效地解释观测变量，包括对测量模型和结构模型的检验。测量模型检验是指信度检验和效度检验，结构模型检验是对模型整体进行检验。具体来说，模型检验就是对黑龙江省重点国有林区生物质能源产业发展的影响因素，包括驱动力因素、压力因素、状态因素、影响因素和响应因素等多个变量所涉及的指标，进行信度检验、效度检验及模型总体检验，确定指标选取的合理性和有效性，以及理论模型的解释能力，为后续分析做好基础工作。

一、测量模型检验

（一）信度检验

信度检验是对指标可信程度的检验，反映采取同样方法对同一对象重复测量时结果的一致程度，以表征数据的一惯性、稳定性和再现性。信度检验包括内部一致性信度和合成信度，检验结果以 0～1 之间的信度系数表示，值越大，表明模型的可信度也越高。内部一致性信度（Cronbach's Alpha，α），能够检验显变量的相关程度，反映了显变量之间的内部一致性，一般要求 Cronbach's Alpha 的系数大于 0.6[208]（如式（5-14）所示)。但 Cronbach's Alpha 假设显变量受潜变量影响是相同的,且彼此误差不相关,这与现实不符。鉴于此,学者提出用组合信度进行信度检验。组合信度(Composite Reliability,CR)反映了显变量对其相应隐变量的解释是否存在一致性,能够克服 Cronbach's Alpha 的测度缺陷,当 CR 大于 0.7 时,表明模型有较高的信度[209],如式(5-15)所示。本书采用 Cronbach's Alpha 和组合信度对模型进行信度检验。

Cronbach's Alpha 的公式为:

$$\alpha = \frac{n}{n-1}\left(1 - \frac{\sum_{i=1}^{n} \text{Var}(x_i)}{\text{Var}(T)}\right) \quad (5-14)$$

式中,n 为样本个数,$\text{Var}(x_i)$ 观测样本方差,$\text{Var}(T)$ 样本总体方差。

组合信度的公式为:

$$CR_i = \frac{(\sum_{i=1}^{n} \lambda_i)\text{Var}(X)}{(\sum_{i=1}^{n} \lambda_i)\text{Var}(X) + (\sum_{i=1}^{n} \lambda_i)\text{Var}(\varepsilon_i)} \quad (5-15)$$

式中,λ_i 是 X 的因子载荷,$\text{Var}(X)$ 是 X 的方差,$\text{Var}(e_i)$ 是残差的方差。

(二) 效度检验

效度检验是对指标准确性的测量,描述了显变量对其相应潜变量反映的准确程度,准确程度越高,效度越高。常用的效度检验有内容效度和收敛效度。内容效度反映了显变量在其对应潜变量上的标准化因子载荷系数,该系数大于 0.7,则表明模型具有可接受的内容效度[234]。收敛效度是模型中显变量对潜变量的度量效果,用平均变异萃取量(AVE)表示,AVE 值大于 0.5,表示 50% 以上的指标方差得到了利用,模型收敛效果较好。AVE 公式为:

$$AVE_i = \frac{\sum_{h=1}^{P_i} \lambda_{ih}^2}{\sum_{h=1}^{P_i} \lambda_{ih}^2 + \sum_{h=1}^{P_i} \theta_{ih}} \quad (5-16)$$

式(5-16)中,θ_{ih} 为第 i 个潜变量中第 h 个显变量的测量误差。

二、结构模型检验

根据萧文龙（2015）[210]的分析，结构模型的检验主要分析 R^2、拟合优度（Gof）和路径系数。

（一）R^2

R^2 是确定系数（Determination Coefficient），反映外生潜变量对内生潜变量的解释程度，取值范围 0～1，R^2 越大，表明变量对模型解释程度越高。R^2 等于 0.67、0.33 和 0.19 分别表示解释能力较好、解释能力中等、解释能力较差[211]。因此，$R^2 > 0.3$，表示检验通过。R^2 计算公式为：

$$R^2 = \frac{\sum (\hat{Y_i} - \bar{Y})^2}{\sum (Y_i - \bar{Y})^2} \quad (5-17)$$

式（5-17）中，Y_i 是因子的实际数值，$\bar{Y}$ 是因子的平均值，$\hat{Y_i}$ 是因子的预测值。

（二）拟合优度

拟合优度（Gof）是对模型总体预测效果的评价，是共同方差（Communality）平均值与 R^2 平均值乘积开根号后的结果，取值在 0～1 之间。一般来说，Gof 等于 0.36、0.25 和 0.1 分别表示适配度较强、适配度中等和适配度较弱[212]。因此，$Gof > 0.25$，表明拟合优度通过检验。Gof 计算公式为：

$$Gof = \sqrt{\overline{communality} \cdot \overline{R^2}} = \frac{1}{p}\sum_{h=1}^{p_i} cor^2(x_{ih}, y_i) \quad (5-18)$$

（三）路径系数

路径系数（Path Coefficient）能够判定潜变量之间的作用方向及其显著性，旨在分析结构方程模型中预先设定的因果关系。路径系数为正表明潜变量之间存在正向的作用关系，反之，存在负向的作用关系。一般来说，路径系数的显著性通过 T 值判断，$T > 1.96$、$T > 2.58$ 和 $T > 3.29$ 分别表示路径系数在 5%、1% 和 10% 的水平上显著[213]。因此，$T > 1.96$ 表明路径系数通过检验。

第四节 生物质能源产业发展机理检验结果及分析

基于 DPSIR 理论模型，建立了黑龙江省重点国有林区生物质能源产业发展机理的理论模型，提出了七条路径关系假设，利用 PLS-SEM 对假设关系进行验证，包括驱动力因素对压力因素的作用，压力因素对状态因素的作用，状态因素对影响因素的作用，响应因素对驱动力因素的作用，响应因素对压力因素的作用、响应因素对状态因素的作用，以及响应因素对影响因素的作用。

一、模型检验结果

根据第四章对黑龙江省重点国有林区生物质能源产业发展机理的定性分析，其理论模型包括 5 个潜变量和 30 个显变量。基于 4.4.3 节提出的研究假设，绘制了黑龙江省重点国有林区生物质能源产业发展机理的结构方程模型路径图（见图 5-3）。基于此，对测量模型和结构模型进行检验。

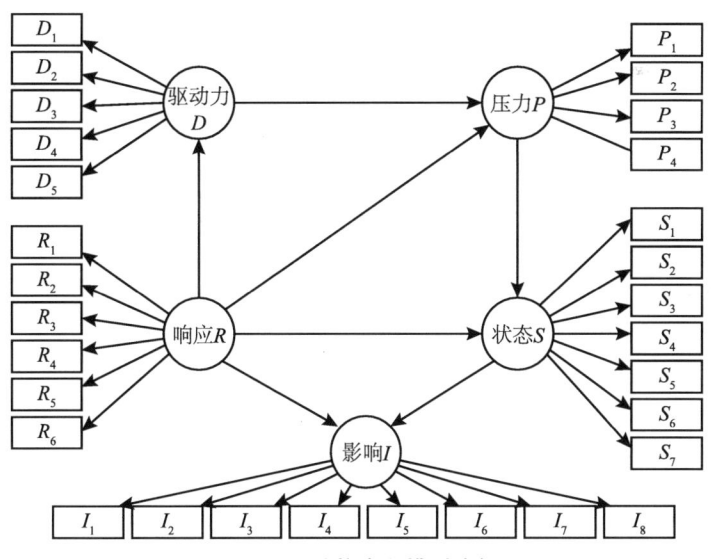

图 5-3 结构方程模型路径

（一）测量模型检验结果

1. 原始测量模型

通过 Cronbach's Alpha 和 CR 对结构方程模型进行信度检验，以及载荷系数和 AVE 进行效度检验。利用 SmartPLS 3.2 软件对测量模型进行分析，结果表明：驱动力因素、压力因素和影响因素的 Cronbach's Alpha 小于 0.6，影响因素的 CR 小于 0.7，响应因素的 AVE 小于 0.6，D_3、D_4、P_1、S_2、I_2、I_6、I_7、I_8、R_1、R_3 和 R_4 的载荷系数小于 0.7（见表 5-7）。这说明模型没有通过信度和效度检验，需要对模型进行修正。一般来说，测量模型的修正主要是通过对显变量进行增减调整，从而使模型具有较好的信度和效度。模型中个别显变量的载荷系数小于 0.7，这些显变量不能很好地反映潜变量的内容，但不能直接删除，需要考虑删除该显变量后能否增加 CR 及 AVE 的值。如果载荷系数在 0.4~0.7 之间的显变量删除后，能够增加 CR（或 AVE），使其达到检验标准，该显变量应该删除，否则应保留。同时，如果删除显变量会降低 CR（或 AVE），载荷系数在 0.4~0.7 之间的指标可以根据研究内容而保留，但载荷系数低于 0.4 的显变量应删除[214]。

表 5-7　　　　　　　　信度和效度检验结果

潜变量	显变量	Cronbach's Alpha	CR	载荷系数	AVE
驱动力	D_1	-2.861	0.734	0.986	0.923
	D_2			0.996	
	D_3			-0.903	
	D_4			-0.983	
	D_5			0.934	
压力	P_1	0.401	0.875	-0.791	0.846
	P_2			0.898	
	P_3			0.985	
	P_4			0.991	

续表

潜变量	显变量	Cronbach's Alpha	CR	载荷系数	AVE
状态	S_1	0.865	0.936	0.990	0.744
	S_2			-0.390	
	S_3			0.887	
	S_4			0.956	
	S_5			0.837	
	S_6			0.866	
	S_7			0.961	
影响	I_1	-2.910	0.329	0.728	0.691
	I_2			0.070	
	I_3			0.975	
	I_4			0.970	
	I_5			0.924	
	I_6			-0.964	
	I_7			-0.669	
	I_8			-0.933	
响应	R_1	0.765	0.799	0.540	0.489
	R_2			0.893	
	R_3			-0.109	
	R_4			0.311	
	R_5			0.877	
	R_6			0.984	

2. 测量模型修正

本书删除载荷系数小于 0.7 的显变量，对模型进行修正后，再次进行信度和效度检验，结果显示 CR 和 AVE 得到明显提高。因此，本书通过删减载荷系数小于 0.7 的显变量对模型进行修正，结果如表 5-8 所示。模型修正后，Cronbach's Alpha 和 CR 均大于 0.7，表明指标体系具有较高的可信度。载荷系数大于 0.7，AVE 大于 0.5，表明显变量能很好地反映潜变量的内容,且具有较好的收敛性。可以看出,修正后的结构方程模型具有较好信度和效度,可以进一步进行结构模型检验。

表 5-8　　　　　　　　　修正模型效度和效度检验结果

潜变量	显变量	Cronbach's Alpha	CR	载荷系数	AVE
驱动力	D_1	0.976	0.985	0.981	0.955
	D_2			0.993	
	D_5			0.957	
压力	P_2	0.975	0.984	0.952	0.953
	P_3			0.994	
	P_4			0.983	
状态	S_1	0.962	0.969	0.992	0.842
	S_3			0.899	
	S_4			0.960	
	S_5			0.820	
	S_6			0.850	
	S_7			0.971	
影响	I_1	0.927	0.950	0.735	0.829
	I_3			0.981	
	I_4			0.959	
	I_5			0.945	
响应	R_2	0.913	0.945	0.900	0.852
	R_5			0.885	
	R_6			0.982	

综上所述,删除影响信度和效度的指标后,每个潜变量对应的显变量分别是:驱动力潜变量 D 对应的显变量是 D_1、D_2 和 D_5;压力潜变量 P 对应的显变量是 P_2、P_3 和 P_4;状态潜变量 S 对应的显变量是 S_1、S_3、S_4、S_5、S_6 和 S_7;影响潜变量 I 对应的显变量是 I_1、I_3、I_4 和 I_5;响应潜变量 R 对应的显变量是 R_2、R_5 和 R_6。基于此,本书得到黑龙江省重点国有林

区生物质能源产业发展机理修正后的结构方程路径如图5-4所示。

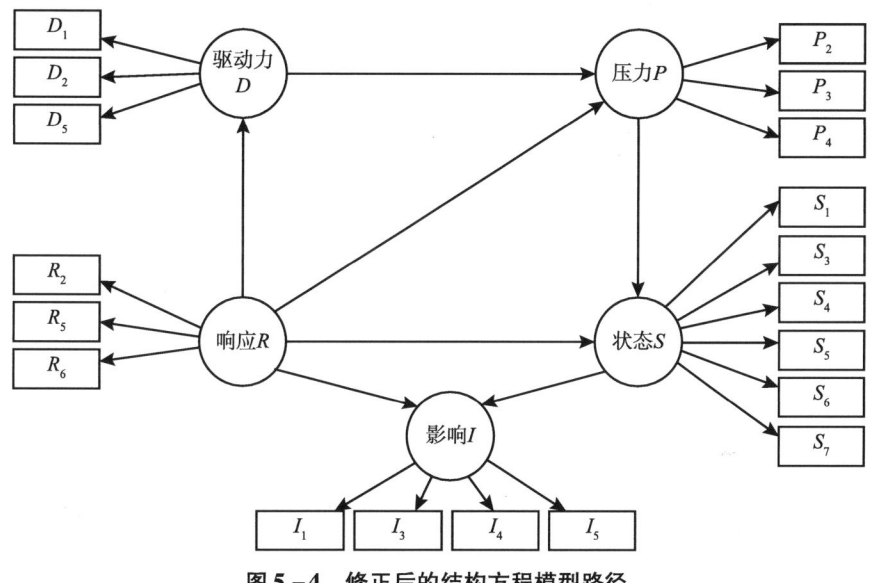

图5-4 修正后的结构方程模型路径

(二) 结构模型检验结果

1. 原始结构模型

上文对黑龙江省重点国有林区生物质能源产业发展机理的测量模型进行了检验，修正后的模型表明样本数据具有较好的信度和效度，可以继续进行结构模型检验，即对结构模型的解释能力、拟合优度以及前文中提出的假设路径进行检验（见图5-5）。本书是基于PLS建模方法构建的结构方程模型，其本质是寻找潜变量和显变量间的最佳线性预测关系，通过循环迭代逼近真实参数值，最终得到较为准确的参数估计值，因此PLS-SEM不需要在参数估计前进行模型识别。利用SmartPLS 3.2软件的Bootstrapping算法对结构模型进行检验，其原理是从原始样本中不断进行随机抽取，直到创建出足够数量的随机样本，利用新生成的样本替代原始样本，进行参数估计，得到T值[215]。海尔等（Hair, 2011）建议采用Bootstrapping算法时，创建的随机样本数量5000为宜[214]。

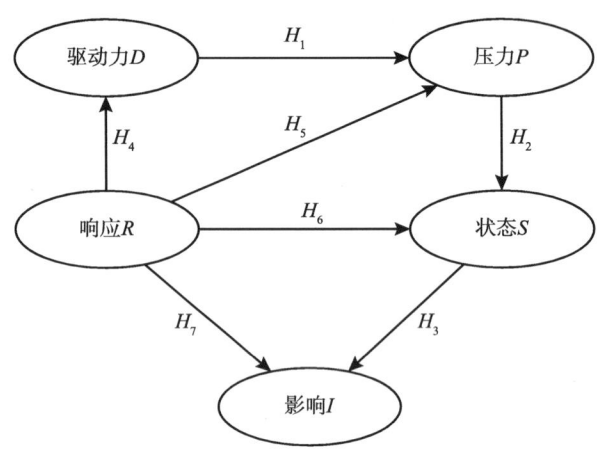

图 5-5　结构方程模型路径

黑龙江省重点国有林区生物质能源产业发展机理的理论模型包括驱动力因素、压力因素、状态因素、影响因素和响应因素 5 个潜变量，利用 Bootstrapping 方法对 R^2、拟合优度进行检验，结果如表 5-9 所示。从表 5-9 可以看出驱动力因素、压力因素、状态因素和影响因素 4 个潜变量的 R^2 都高于 0.67，表明变量对模型有较高的解释度。按照式（5-17）计算模型的拟合优度，其结果为 0.908 大于 0.36，说明模型的适配度较高，有较好的预测效果。

表 5-9　结构模型检验结果

潜变量	R^2	共同方差	Gof
驱动力因素	0.894	0.955	
压力因素	0.972	0.953	
状态因素	0.857	0.842	0.908
影响因素	0.997	0.829	
响应因素	—	0.853	

路径分析是研究潜变量构成的路径关系，根据计算得到的 T 值，判别结构方程模型中假设路径的显著性。通过显著性判断假设关系是否成立，本书显著性的检验标准为 T 值 >1.96。如图 5-5 所示，共有 7 个假设关系有待检验，利用 SmartPLS 3.2 软件的 Bootstrapping 方法得到路径系数的

参数估计值（见表5-10）。除路径 H_2 和 H_6 两条路径的影响不显著，其他路径都在5%显著水平下通过了检验。

表5-10　　　　　　　　　　路径系数检验结果

假设	路径	路径系数	T值	判断
H_1	驱动力→压力	0.609	2.978	显著
H_2	压力→状态	1.413	1.118	不显著
H_3	状态→影响	0.434	3.367	显著
H_4	响应→驱动力	0.946	54.228	显著
H_5	响应→压力	0.398	1.972	显著
H_6	响应→状态	-0.501	0.393	不显著
H_7	响应→影响	0.596	4.453	显著

2. 结构模型修正

如果结构模型不理想，可以对结构模型的路径关系重新进行梳理，得到修正后的模型，使模型更符合实际情况。一般来说，结构模型的修正可以通过改变路径关系进行。本书将两条影响不显著的路径一次删除一条，分析对其他路径关系的影响，最终得到修正后结构方程模型的路径（见图5-6）。对修正后模型的路径进行检验，结果如表5-11所示，所有路径都通过了5%显著水平的检验。因此，认为修正后的结构模型比原始结构模型的预测效果更好。

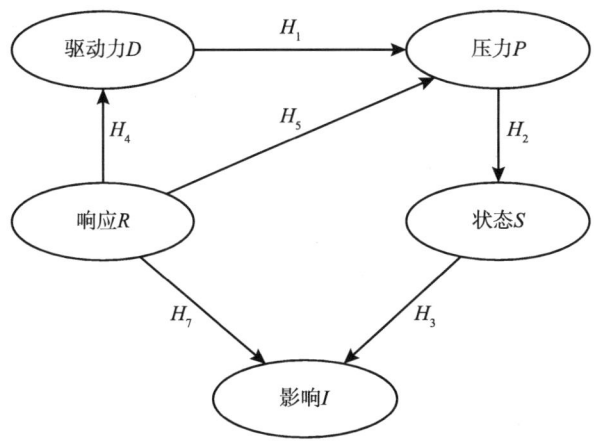

图5-6　修正后结构方程模型的路径

表5-11　　　　　　　　　修正模型的路径系数检验结果

假设	路径	路径系数	T值	判断
H_1	驱动力→压力	0.613	3.036	显著
H_2	压力→状态	0.925	54.045	显著
H_3	状态→影响	0.437	3.436	显著
H_4	响应→驱动力	0.945	53.282	显著
H_5	响应→压力	0.394	1.961	显著
H_7	响应→影响	0.593	4.488	显著

二、结果分析

第四章基于 DPSIR 理论模型，构建了黑龙江省重点国有林区生物质能源产业发展机理的理论模型。本章利用 PLS-SEM 对理论模型进行验证，主要验证了以下问题：驱动力因素对压力因素的作用，压力因素对状态因素的作用，状态因素对影响因素的作用，响应因素对驱动力因素的作用，响应因素对压力因素的作用、响应因素对状态因素的作用，以及响应因素对影响因素的作用。结果显示，数据样本具有较好的信度和效度，构建的理论模型对实际情况预测效果较好，提出的假设关系大多数得到支持，具体结果见表5-12。根据假设检验结果，黑龙江省重点国有林区生物质能源产业发展机理的作用路径如下：

表5-12　　　　　　　　　　　假设检验结果

序号	变量间假设关系	假设检验结果
H_1	驱动力因素显著正向作用于压力因素	假设成立
H_2	压力因素显著正向作用于状态因素	假设成立
H_3	状态因素显著正向作用于影响因素	假设成立
H_4	响应因素显著正向作用于驱动力因素	假设成立
H_5	响应因素显著负向作用于压力因素	假设不成立
H_6	响应因素显著正向作用于状态因素	假设不成立
H_7	响应因素显著正向作用于影响因素	假设成立

(1)"驱动力→压力"路径分析。分析结果显示,黑龙江省重点国有林区生物质能源产业发展系统中,在1%显著水平下,驱动力因素正向作用于压力因素(0.613)。这与本书理论模型提出的假设相一致,假设H_1成立,定量印证了定性认知的合理性。这条路径反映出黑龙江省重点国有林区经济社会发展方式改变是推动生物质能源产业发展的原始动力。黑龙江省重点国有林区人均可支配收入和人均GDP增加,导致了人均能源消费量增长,一方面导致能源短缺,另一方面造成环境污染。经济社会发展造成能源和环境的双重压力,这也成为林区生物质能源产业发展的重要推力,即黑龙江省重点国有林区经济社会发展推动了生物质能源产业发展进程。

(2)"压力→状态"路径分析。分析结果显示,黑龙江省重点国有林区生物质能源产业发展系统中,在10%显著水平下,压力因素正向作用于状态因素(0.925),假设H_2成立。该路径反映出黑龙江省重点国有林区面临的能源和环境压力是生物质能源产业发展的直接动力。人均CO_2排放量增加、能源自给率降低及能源供应缺口出现,为具有可再生性和清洁型特点的生物质能源发展提供了契机。黑龙江省重点国有林区面临的能源和环境问题,成为生物质能源产业发展的重要机遇,也是生物质能源产业发展的直接推力,有助于林区丰富的生物质能源资源得到合理利用及生物质能源产业状态逐渐好转。

(3)"状态→影响"路径分析。分析结果显示,黑龙江省重点国有林区生物质能源产业发展系统中,在10%的显著水平下,状态因素正向作用于影响因素(0.437),假设H_3成立。该路径反映出黑龙江省重点国有林区生物质能源产业状态改善,对林区经济社会环境产生了积极影响。黑龙江省重点国有林区生物质能源产业状态不断提升,不仅有助于改善林区空气质量、减少化石能源燃烧导致的环境污染,也能够增加林业系统在岗职工工资、提高就业率、增加林区GDP,但对调节林区能源消费结构并没有显著的影响。这可能是由于生物质能源进入能源市场的时间不长,相比于价格更低的化石能源,市场竞争力不足,占有份额较低,无法对林区能源消费结构产生影响。但随着生物质能源环境效益和社会效益显现,产品市场竞争力会不断增强。黑龙江省重点国有林区生物质能源产业状态改善,有助于林区"生态—经济—社会"协调发展。

(4)"响应→驱动力"路径分析。分析结果显示,黑龙江省重点国有林区生物质能源产业发展系统中,在10%显著水平下,响应因素正向作用于驱动力因素（0.945），假设 H_4 成立。这条路径反映出生物质能源技术水平和政策支持力度，对黑龙江省重点国有林区生物质能源产业发展有较大的正向影响。现实情况是黑龙江省重点国有林区生物质能源技术市场转化能力弱、生物质能源产业盈利能力高度依赖财税补贴政策。因此，提升生物质能源技术水平、加大政策扶持力度，有助于增加生物质能源产业发展的驱动力，促进生物质能源产业可持续发展。

（5）"响应→影响"路径分析。分析结果显示，黑龙江省重点国有林区生物质能源产业发展系统中，在 10% 显著水平下，响应因素正向作用于影响因素（0.593），假设 H_7 成立，表明黑龙江省重点国有林区生物质能源产业的管理措施有助于林区经济社会环境改善。

（6）"响应→压力"和"响应→状态"路径分析。分析结果显示，黑龙江省重点国有林区生物质能源产业发展系统中，在 5% 显著性水平下，响应因素对压力因素的作用显著性检验通过，但方向与假设不符，假设 H_5 不通过，响应因素对状态因素的作用未通过显著性检验，假设 H_6 不通过。这表明生物质能源产业发展的管理措施没有明显地改善能源供应短缺和产业发展状态。这种情况产生原因可能是林区生物质能源产业发展尚处于初始阶段，没有形成规模化，没有明显改善生物质能源产业状态，尚不能补充能源供应缺口。

综上所述，黑龙江省重点国有林区生物质能源产业发展机理形成了两条主要作用路径。一是，"驱动力—压力—状态—影响"路径。这条路径表明了黑龙江省重点国有林区经济社会发展方式改变对林区造成了环境污染和能源短缺的双重压力，经济社会发展是生物质能源产业发展的原始动力，环境压力和能源压力是生物质能源产业发展的直接动力，二者共同成为黑龙江省重点国有林区生物质能源产业发展的推力，促进了生物质能源产业发展状态不断提升，对改善林区空气质量和推动林区经济社会发展产生积极影响。黑龙江省重点国有林区生物质能源产业发展过程环环相扣，首先，经济社会发展及面临环境和能源压力作为推动力，推动了生物质能源产业发展，提升了生物质能源产业发展的状态；其次，生物质能源产业发展状态改善，对林区经济社会发展产生了积极影响。黑龙江省重点国有林区经济社会发展是生物质能源产业发展的推动力，同时林区经济社会发展又是生物质能源产业发展效果的体现，这表明了生物质能源产业发展和林区经济社会发展之间具有相互促进的关系。二是，"响应—驱动力"和"响应—影响"路径。该路径表明了提升生物质能源技术水平、加大政策扶持力度，有助于优化林区经济社会发展模式，促进生物质能源产业可持续发展，改善林区经济社会环境。黑龙江省重点国有林区通过提升生物质能源技术水平及加大政策扶持力度，能够增加生物质能源产业发展的驱动力，促进生物质能源产业有序发展，助力林区经济社会转型，生物质能源产业发展是黑龙江省重点国有林区"生态—经济—社会"的重要手段。

第五节　本章小结

本章对黑龙江省重点国有林区生物质能源产业发展机理理论模型进行了验证，利用偏最小二乘结构方程模型（PLS-SEM）对提出的研究假设进行检验。研究表明：一是，"驱动力—压力—状态—影响"路径成立，反映了生物质能源产业发展和林区经济社会发展之间存在相互促进的关系。林区经济社会发展造成了环境污染、能源短缺，二者共同成为生物质能源产业发展的推动力，促进了生物质能源产业发展状态的不断提升，对林区经济社会环境产生积极影响。二是，"响应—驱动力"和"响应—影响"路径成立，反映了提升生物质能源技术水平及加大政策扶持力度，有助于优化林区经济社会发展模式，改善林区经济社会环境，促进生物质能源产业的可持续发展，二者是推动生物质能源产业发展的有效措施。

第六章 黑龙江省重点国有林区生物质能源产业发展水平测度

本书第四章构建了黑龙江省重点国有林区生物质能源产业发展机理的理论模型，第五章运用偏最小二乘结构方程模型对理论模型进行了验证。第四章和第五章对黑龙江省重点国有林区生物质能源产业发展机理进行了定性和定量分析，实质上是对生物质能源产业发展影响因素之间作用路径的检验。要全面地研究黑龙江省重点国有林区生物质能源产业发展问题，不仅要分析影响因素之间的作用关系，还要从整体上探索影响因素对生物质能源产业发展的作用，明确各因素对生物质能源产业发展的影响程度，识别生物质能源产业发展的关键影响因素，即对黑龙江省重点国有林区生物质能源产业发展水平进行测度，这也是对生物质能源产业发展监督和管理的一种手段。因此，本章根据前文生物质能源产业发展机理理论分析得到的影响因素，构建黑龙江省重点国有林区生物质能源产业发展评价指标体系，运用 TOPSIS 模型对生物质能源产业发展水平进行评价，引入障碍度模型，识别产业发展的关键影响因素，为第七章提出推进黑龙江省重点国有林区生物质能源产业发展的对策建议提供依据。

第一节 指标体系构建

梳理黑龙江省重点国有林区生物质能源产业发展测度的研究思路，根据生物质能源产业发展机理理论分析得到的影响因素，从驱动力、压力、状态、影响和响应 5 个维度，构建黑龙江省重点国有林区生物质能源产业发展评价指标体系，为后续量化分析提供框架。

一、研究思路

第四章和第五章分析了黑龙江省重点国有林区生物质能源产业发展影响因素之间的作用路径，本章从整体上探索各因素对生物质能源产业发展的影响程度。基于前文对黑龙江省重点国有林区生物质能源产业发展影响因素的界定，本章根据生物质能源产业发展机理理论分析得出的影响因素，从驱动力、压力、状态、影响和响应五个维度，构建黑龙江省重点国有林区生物质能源产业发展评价指标体系，以期科学、合理地对黑龙江省重点国有林区生物质能源产业发展水平进行测度。为了实现这一目的，需要选择合适的评价方法。本章对生物质能源产业发展水平的测度包括两方面内容：一是，评价生物质能源产业发展水平，即明确各因素对生物质能源产业发展的影响程度；二是，识别生物质能源产业发展的关键影响因素，即厘清阻碍生物质能源产业发展的因素。

首先，评价生物质能源产业发展水平。现阶段，发展水平的评价方法主要有因子分析[216]、投影寻踪[217]、主成分分析[218]、人工神经网络[219]、模糊综合评价[220]和TOPSIS模型[221]等。模糊综合评价法需要研究者依据重要程度对指标权重进行赋权，具有较强主观性，无法真实客观地反映数据特征，导致评价结果准确性降低[218]。因子分析法、投影寻踪法、主成分分析法、人工神经网络法和TOPSIS模型法都是以数据自身特征为基础的客观评价方法，能够避免主观意愿对评价结果的影响，但因子分析法、投影寻踪法、主成分分析法和人工神经网络法需要有较多的样本数据，结果准确度受样本数据数量影响较大，而黑龙江省重点国有林区生物质能源产业发展时间不长，数据收集年限有限，无法满足这些方法对数据量的要求。相比于上述客观评价方法，TOPSIS模型对样本数据特征、数量、指标个数都无严格要求，能够对时间序列数据、截面数据和面板数据进行分析，结果直观、真实、可靠，适用于小样本、多指标的复杂系统评价[222]。鉴于此，本书利用TOPSIS模型对黑龙江省重点国有林区生物质能源产业发展水平进行评价，既能充分利用现有数据，又能得到客观、准确的评价结果。

其次，识别生物质能源产业发展的关键影响因素。测度生物质能源产业发展不仅要关注产业发展水平状况，更需要探寻产业发展的关键影响因素。本章在对生物质能源产业发展水平评价基础上，进一步剖析影响生物质能源产业发展的主要因素，为后续提出推动黑龙江省重点国有林区生物质能源产业发展的对策与建议提供科学依据。障碍度模型能够通过因子贡献度和指标偏离度来构建障碍因素诊断模型，厘清生物质能源产业发展的关键影响因素。因此，引入障碍度模型，对黑龙江省重点国有林区生物质能源产业发展的关键影响因素进行识别。

综上所述，本书运用 TOPSIS 模型评价生物质能源产业发展水平，在此基础上，运用障碍度模型识别产业发展的关键影响因素，具体思路如图 6-1 所示。

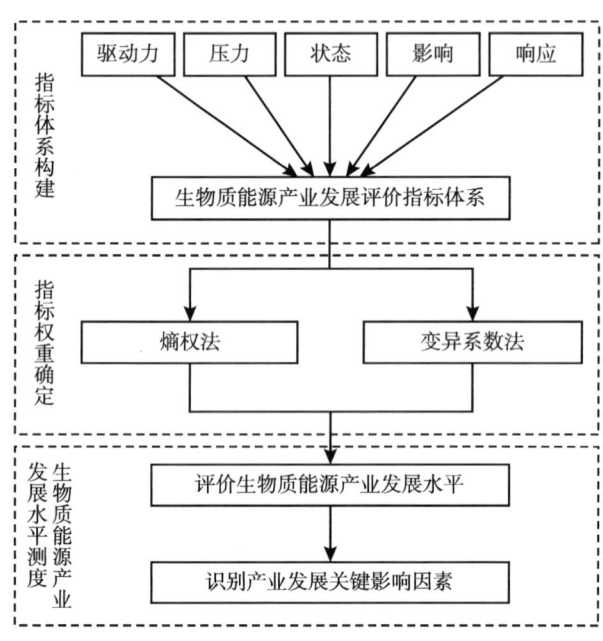

图 6-1　黑龙江省重点国有林区生物质能源产业发展水平研究思路

二、指标体系确立

生物质能源产业发展是一个综合性概念，不能仅靠一两个指标来体现，为保证黑龙江省重点国有林区生物质能源产业发展水平测算结果真实准确，需要借助科学的指标体系。第四章和第五章根据 DPSIR 理论模型，基于驱动力、压力、状态、影响和响应五个维度，从理论上分析了影响因素之间的作用关系，构建了生物质能源产业发展机理的理论模型，并选取了三十个指标对理论模型进行验证。分析黑龙江省重点国有林区生物质能源产业发展机理，本质上是辨析影响因素之间的作用关系，本章根据发展机理理论分析得到的三十个指标，构建了黑龙江省重点国有林区生物质能源产业发展水平的指标体系（数据来源见第五章），研究影响因素对生物质能源产业发展整体的作用，评价生物质能源产业发展水平，识别产业发展的关键影响因素。

采用自上而下逐层分解的方法，把黑龙江省重点国有林区生物质能源产业发展水平的指标体系分为四个层次，分别是目标层、准则层、要素层和指标层。目标层是衡量黑龙江省重点国有林区生物质能源产业发展的总体水平，是准则层、要素层及指标层的综合反映，用"黑龙江省重点国有林区生物质能源产业发展水平指数"来表征；准则层是生物质能源产业发展总目标下，需要考核和控制的分目标状态，由驱动力、压力、状态、影响和响应五个维度构成；要素层对准则层进行分解，是评价指标的依据和定性要求；指标层是评价各分目标状况的具体因子，需要量化指标反映要素层的具体信息（见表 6-1）。

表 6-1　黑龙江省重点国有林区生物质能源产业发展水平指标体系

目标层	准则层	要素层	指标层	指标简写	单位	指标方向
黑龙江省重点国有林区生物质能源发展水平指数	驱动力	经济驱动力	人均可支配收入	D_1	万元/人	+
			人均 GDP	D_2	万元/人	+
			人口增长率	D_3	%	+
		能源驱动力	万元 GDP 能耗	D_4	吨标准煤/万元	+
			人均能源消耗量	D_5	吨标准煤/人	+
	压力	环境压力	人均 SO_2 排放量	P_1	吨	+
			人均 CO_2 排放量	P_2	吨	+
		能源压力	能源自给率	P_3	%	-
			能源供应缺口	P_4	亿吨标准煤	+
	状态	资源状态	活立木总蓄积	S_1	立方米	+
			林木生物质能源资源量	S_2	万吨	+
			农作物秸秆播种面积	S_3	公顷	+
			农作物秸秆能源资源量	S_4	万吨	+

续表

目标层	准则层	要素层	指标层	指标简写	单位	指标方向
黑龙江省重点国有林区生物质能源发展水平指数	状态	产业状态	生物质发电并网装机容量	S_5	万千瓦	+
			生物质发电量	S_6	亿千瓦/时	+
			林业生产总值	S_7	亿元	+
	影响	环境影响	SO_2 年均浓度	I_1	毫克/立方米	−
			空气优良天数比例	I_2	%	+
		经济社会影响	GDP	I_3	亿元	+
			就业率	I_4	%	+
			林业系统在岗职工平均工资	I_5	万元	+
		能源影响	原煤消费量	I_6	万吨标准煤	−
			原油消费量	I_7	万吨标准煤	−
			天然气消费量	I_8	万吨标准煤	−
	响应	科技响应	生物质能源研发投入强度	R_1	%	+
			生物质能源技术水平	R_2	件	+
			林业系统专业技术人员人数	R_3	人	+
		经济社会响应	生物质能源发展投入强度	R_4	%	+
			公路运输能力	R_5	公里	+
		政策响应	生物质能源产业发展相关政策	R_6	项	+

第二节 研究方法

本书采用熵权法和变异系数法相结合的客观组合赋权法，确定黑龙江省重点国有林区生物质能源产业发展指标体系的权重。利用 TOPSIS 模型评价黑龙江省重点国有林区生物质能源产业发展水平，在此基础上，引入障碍度模型识别黑龙江省重点国有林区生物质能源产业发展的关键影响因素。

一、权重确定方法

指标权重是表示各指标变量对于上一层次要素的相对重要程度,直接影响评价结果。黑龙江省重点国有林区生物质能源产业发展评价指标的权重确定,是指标相对于生物质能源产业发展的重要性进行赋权,即度量各指标对生物质能源产业发展的影响程度,以区分其贡献度大小。在科学合理的指标体系基础上,确定各指标对黑龙江省重点国有林区生物质能源产业发展的影响程度至关重要。目前,指标权重确定的方法主要有主观赋权法和客观赋权法。主观赋权法是根据专家经验及所掌握的信息进行赋权,主观随意性较强,结果受专家意愿影响较大。常用主观赋权法有德菲尔法、层次分析法等。客观赋权法是从样本数据中提取信息,根据数据间关系利用数学方法确定权重,结果不受主观判断影响,有较强的数学理论依据,能真实地反映指标的重要程度。常用客观赋权方法包括主成分分析法、熵权法和变异数法等。为避免主观赋权法主观随意性的影响,同时弥补单一客观赋权法片面性强的不足,本书采取熵权法和变异系数法相结合的客观组合赋权法,确定黑龙江省重点国有林区生物质能源产业发展评价指标体系权重。

(一) 熵权法

熵的概念来源于物理学中的热力学,用来描述系统的混乱程度。信息论中熵值理论反映了信息的无序程度,即指标携带信息越多,表明信息的无序程度越低,指标提供的信息量越大,指标权重越高[223]。反之,权重越低。熵权法具体步骤如下:

1. 数据标准化

根据式 (5-11) 至式 (5-13) 对数据进行标准化处理,消除量纲和指标方向对结果的影响。

2. 构建规范化决策矩阵 P_{ij}

$$P_{ij} = \frac{x_{ij}}{\sum_{j=1}^{n} x_{ij}} \quad (6-1)$$

式 (6-1) 中,x_{ij} 为指标标准化后的数值,表示第 i 个样本第 j 个指标值,$i=1, 2, \cdots, m$,$j=1, 2, \cdots, n$,m 为指标数,n 为年份。

3. 计算第 i 个指标的信息熵值 e_i

$$e_i = -\frac{1}{\ln n}\sum_{j=1}^{n}P_{ij}\ln P_{ij} \qquad (6-2)$$

4. 计算第 i 个指标的熵权 u_i

$$u_i = \frac{1-e_i}{\sum_{i=1}^{m}1-e_i} \qquad (6-3)$$

u_i 是利用熵权法求得的黑龙江省重点国有林区生物质能源产业发展水平评价指标体系的权重，具体结果见表 6-2。

表 6-2　黑龙江省重点国有林区生物质能源产业发展水平评价指标权重

目标层	准则层	要素层	指标层	熵值法权重	变异系数法权重	组合权重
黑龙江省重点国有林区生物质能源发展水平指数	驱动力 (0.163)	经济驱动力 (0.094)	人均可支配收入 D_1	0.035	0.035	0.035
			人均 GDP D_2	0.032	0.033	0.033
			人口增长率 D_3	0.025	0.027	0.026
		能源驱动力 (0.069)	万元 GDP 能耗 D_4	0.051	0.042	0.046
			人均能源消耗量 D_5	0.020	0.025	0.023
	压力 (0.090)	环境压力 (0.040)	人均 SO_2 排放量 P_1	0.014	0.019	0.016
			人均 CO_2 排放量 P_2	0.021	0.026	0.024
		能源压力 (0.050)	能源自给率 P_3	0.020	0.025	0.022
			能源供应缺口 P_4	0.026	0.029	0.028
	状态 (0.345)	资源状态 (0.121)	活立木总蓄积 S_1	0.029	0.032	0.030
			林木生物质能源资源量 S_2	0.025	0.030	0.028
			农作物秸秆播种面积 S_3	0.023	0.028	0.025
			农作物秸秆能源资源量 S_4	0.038	0.038	0.038
		产业状态 (0.224)	生物质发电并网装机容量 S_5	0.118	0.084	0.101
			生物质发电量 S_6	0.107	0.076	0.092
			林业生产总值 S_7	0.030	0.032	0.031

续表

目标层	准则层	要素层	指标层	熵值法权重	变异系数法权重	组合权重
黑龙江省重点国有林区生物质能源发展水平指数	影响（0.215）	环境影响（0.028）	SO_2 年均浓度 I_1	0.009	0.014	0.011
			空气优良天数比例 I_2	0.014	0.020	0.017
		经济社会影响（0.096）	GDP I_3	0.030	0.032	0.031
			就业率 I_4	0.023	0.027	0.025
			林业系统在岗职工平均工资 I_5	0.040	0.039	0.040
		能源影响（0.091）	原煤消费量 I_6	0.043	0.043	0.043
			原油消费量 I_7	0.021	0.027	0.024
			天然气消费量 I_8	0.021	0.027	0.024
	响应（0.187）	科技响应（0.088）	生物质能源研发投入强度 R_1	0.026	0.028	0.027
			生物质能源技术水平 R_2	0.043	0.039	0.041
			林业系统专业技术人员人数 R_3	0.017	0.024	0.020
		经济社会响应（0.081）	生物质能源发展投入强度 R_4	0.074	0.063	0.069
			公路运输能力 R_5	0.010	0.015	0.012
		政策响应（0.018）	生物质能源产业发展相关政策 R_6	0.015	0.021	0.018

（二）变异系数法

变异系数法描述了单位样本数据在总样本中的变异程度，是根据指标的变异程度确定权重，变异程度越大，提供信息量越多，作用越大，权重越大[224]。反之，权重越小。具体计算过程如下：

1. 计算第 i 个指标的变异系数

$$v_i = \frac{\delta_i}{\overline{x_i}} \quad (6-4)$$

式（6-4）中，v_i 为第 i 个指标的变异系数，δ_i 为第 i 个指标的标准差，$\overline{x_i}$ 为第 i 个指标的平均数。

2. 对变异系数归一化，得到第 i 个指标的权重

$$g_i = \frac{v_i}{\sum_{i=1}^{n} v_i} \qquad (6-5)$$

式（6-5）中，g_i 是利用变异系数法求得的黑龙江省重点国有林区生物质能源产业发展水平评价指标体系的权重，具体结果见表6-2。

（三）组合权重

熵权法可能会削弱异常值的影响，导致指标权重出现均衡化的问题，而变异系数法能够弥补指标权重均衡化分配的不足。因此，本书采用熵权法和变异系数法相结合的客观赋权法来确定指标权重。组合权重 w_i 计算公式为：

$$w_i = \alpha \cdot v_i + (1-\alpha) \cdot g_i \qquad (6-6)$$

式（6-6）中，v_i 为熵权法计算得到的权重，g_i 为变异系数法计算得到的权重。α 值对组合权重有直接影响，当 $\alpha = 0$，w_i 为变异系数法确定的权重，当 $\alpha = 1$，w_i 为熵权法确定的权重。参考已有研究[225]，确定 $\alpha = 0.5$，w_i 即是利用熵权法和变异系数法相结合的客观组合赋权法，计算得到的黑龙江省重点国有林区生物质能源产业发展水平评价指标体系的权重，具体结果见表6-2。

二、TOPSIS 模型

根据生物质能源产业发展机理理论分析得到的影响因素，从驱动力、压力、状态、影响和响应五个维度，构建了黑龙江省重点国有林区生物质能源产业发展水平评价指标体系，并利用熵权法和变异系数法相结合的组合赋权法确定了指标权重。然后，选择适当的评价方法，构建合理的模型科学地、准确地评价黑龙江省重点国有林区生物质能源产业发展水平。根据本书指标和数据的特征，运用 TOPSIS 模型对黑龙江省重点国有林区生物质能源产业发展水平进行评价。

TOPSIS 全称"逼近与理想值的排序方法"，又称优劣解距离法，1981年该理论被首次提出适用于多目标决策分析的方法。该方法能够充分利用

原始数据、计算过程中数据丢失量较小、几何意义直观且不受参考序列选择的干扰[226]。TOPSIS 模型是根据各指标的最优值和最劣值,构成正理想解和负理想解,计算各方案与正负理想解的距离,得到其与正负理想解的贴进度,以此判断方案优劣。若方案接近正理想解,又远离负理想解,则方案为最优,反之方案最差。TOPSIS 模型在绩效评价、资源环境承载力评价和风险决策分析等方面都取得了较多成果[254-257]。本书利用 TOPSIS 模型评价黑龙江省重点国有林区生物质能源产业发展水平,有利于分析生物质能源产业发展水平与理想状态的差距,真实地反映各因素对生物质能源产业发展的影响程度。TOPSIS 模型具体步骤如下:

(1) 构建规范化决策矩阵。利用熵权法和变异系数法组合赋权确定的权重矩阵 W_i 与标准化矩阵 X_{ij} 的每一行相乘,得到规范化决策矩阵 R_{ij}:

$$R_{ij} = w_i \times x_{ij} = \{r_{ij}\}_{m \times n} = \begin{bmatrix} r_{11} & r_{12} & \cdots & r_{1n} \\ r_{21} & r_{22} & \cdots & r_{2n} \\ \vdots & \vdots & \cdots & \vdots \\ r_{m1} & r_{m2} & \cdots & r_{mn} \end{bmatrix} \quad (6-7)$$

(2) 寻找正理想解 R^+ 和负理想解 R^-。二者分别表示最优方案和最劣方案:

$$R^+ = \{\max r_{ij} \mid i = 1, 2, \cdots, m\} = \{r_1^+, r_2^+, \cdots, r_m^+\} \quad (6-8)$$

$$R^- = \{\max r_{ij} \mid i = 1, 2, \cdots, m\} = \{r_1^-, r_2^-, \cdots, r_m^-\} \quad (6-9)$$

(3) 计算距离。分别计算不同方案评价向量到正理想解的距离 D_j^+ 和负理想解的距离 D_j^-:

$$D_j^+ = \sqrt{\sum_{i=1}^{m} (r_{ij} - r_i^+)^2} \quad (6-10)$$

$$D_j^- = \sqrt{\sum_{i=1}^{m} (r_{ij} - r_i^-)^2} \quad (6-11)$$

(4) 计算不同方案与最优方案的贴进度 C_j:

$$C_j = \frac{D_j^-}{D_j^+ + D_j^-} \quad (6-12)$$

式 (6-12) 中,贴进度 C_j 是黑龙江省重点国有林区生物质能源产业发展水平指数,其取值范围为 0~1,C_j 值越大,表明第 j 年生物质能源产业发展水平越高。目前,国内外学者对生物质能源产业发展水平的阶段划分尚无统一标准,本书根据贴进度 C_j 的判断标准[231],结合黑龙江省重点国有林区生物质能源产业发展现状,将黑龙江省重点国有林区生物质能源产业发展水平划分为低等、中等、较高等和高等四个等级,具体分级标准见表 6-3。

表 6-3 生物质能源产业发展水平等级标准

生物质能源产业发展水平等级	贴进度 C_j
低等	(0 ~ 0.30]
中等	(0.30 ~ 0.60]
较高等	(0.60 ~ 0.80]
高等	(0.80 ~ 1]

三、障碍度模型

黑龙江省重点国有林区生物质能源产业发展水平测度,不仅要对生物质能源产业发展水平进行评价,更重要的在于探寻产业发展的关键影响因素。本书引入障碍度模型,识别生物质能源产业发展的关键影响因素。障碍度模型通过因子贡献度(F_i)、指标偏离度(P_{ij}),计算障碍度(O_{ij})。其中,因子贡献度(F_i)表示单向指标对生物质能源产业发展的权重,即指标权重 w_i;指标偏离度(P_{ij})是单向指标与生物质能源产业发展目标的差距,为指标标准化值与 1 之间的差距。障碍度模型具体计算过程为:

$$P_{ij} = 1 - x_{ij} \qquad (6-13)$$

$$O_{ij} = \frac{F_i \times P_{ij}}{\sum_{i=1}^{m} F_i \times P_{ij}} \qquad (6-14)$$

在分析单个指标对生物质能源产业发展影响的基础上,进一步分析准则层对生物质能源产业发展的影响,计算公式为:

$$B = \sum O_{ij} \qquad (6-15)$$

障碍度(O_{ij})是单个指标对黑龙江省重点国有林区生物质能源产业发展的影响程度,B 是子系统对黑龙江省重点国有林区生物质能源产业发展的影响程度。

第三节 生物质能源产业发展水平评价结果与分析

利用 TOPSIS 模型对黑龙江省重点国有林区生物质能源产业发展水平进行评价，从生物质能源产业总体发展水平及各子系统状况两个维度，对结果进行分析与讨论，明确各因素对生物质能源产业发展的影响程度。

一、产业总体发展水平

（一）时序演变

根据式（6-7）至式（6-12），计算得到黑龙江省重点国有林区生物质能源产业发展水平，详见表6-4和图6-2。2005~2017年，黑龙江省重点国有林区生物质能源产业发展水平逐步提升，2017年生物质能源产业发展水平指数为0.629，是2005年的2.14倍。黑龙江省重点国有林区生物质能源产业发展水平经历了低等水平—中等水平—较高等水平的演变过程。2005~2017年，黑龙江省重点国有林区生物质能源产业发展水平变化分两个阶段：第一阶段是2005~2009年，为平稳发展期，黑龙江省重点国有林区生物质能源产业发展水平指数从2005年的0.294到2009年的0.287，生物质能源产业发展相对稳定，仍处于低等水平阶段。第二阶段是2010~2017年，为快速发展期，黑龙江省重点国有林区生物质能源产业发展水平指数从2010年的0.390增加至2017年的0.629。这一阶段生物质能源产业取得了一定的进展，发展水平从中等上升至较高等。

表6-4　2005~2017年黑龙江省重点国有林区生物质能源产业发展水平指数

年份	驱动力指数	压力指数	状态指数	影响指数	响应指数	发展水平指数	发展水平等级
2005	0.499	0.279	0.099	0.482	0.145	0.294	低等
2006	0.500	0.265	0.077	0.480	0.151	0.283	低等

续表

年份	驱动力指数	压力指数	状态指数	影响指数	响应指数	发展水平指数	发展水平等级
2007	0.483	0.373	0.081	0.440	0.242	0.283	低等
2008	0.477	0.448	0.111	0.425	0.243	0.283	低等
2009	0.492	0.477	0.116	0.447	0.290	0.287	低等
2010	0.479	0.576	0.157	0.445	0.698	0.390	中等
2011	0.539	0.686	0.223	0.412	0.394	0.335	中等
2012	0.479	0.782	0.251	0.439	0.526	0.391	中等
2013	0.569	0.776	0.283	0.510	0.530	0.404	中等
2014	0.509	0.807	0.313	0.521	0.469	0.418	中等
2015	0.544	0.842	0.398	0.528	0.822	0.515	中等
2016	0.518	0.735	0.599	0.567	0.371	0.528	中等
2017	0.496	0.693	0.839	0.575	0.395	0.629	较高等

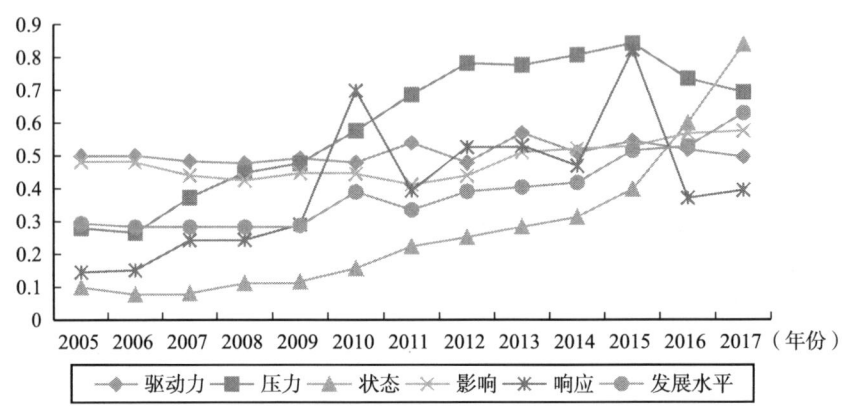

图6-2　2005~2017年黑龙江省重点国有林区生物质能源产业发展水平变化趋势

（二）时序演变结果分析

第一阶段从2005~2009年，黑龙江省重点国有林区生物质能源产业发展缓慢，发展水平较低。究其原因，主要有三点：一是，这一时期生物质能源作为新兴产业，在黑龙江省重点国有林区刚刚起步发展，管理部门对生物质能源发展前景认识不足，尚未意识到发展生物质能源产业对林区产业结构转型升级的重要作用，参与生物质能源项目的积极性不高，林区生物质能源项目凤毛麟角。二是，黑龙江省重点国有林区能源消费结构以化石能源为主，尤其煤作为最主要的能源，消费量持续上升，2005~2009年增幅约为6%。这一时期能源生产量大于消费量，化石能源供给充足，林区对化石能源高度依赖，挤压了生物质能源产业的发展空间。三是，黑龙江省重点国有林区缺乏生物质能源开发利用技术的自主研发能力，技术和设备主要依靠进口，没有形成产业发展的技术支撑体系，导致相比化石能源，生物质能源价格较高，降低了生物质能源在能源市场上的竞争力，一定程度上制约了生物质能源产业发展。

第二阶段从2010~2017年，黑龙江省重点国有林区生物质能源产业发展水平稳步上升。原因在于：一是，由于化石能源的不可再生性，长期以化石能源为主的能源消费结构导致能源供应情况由供大于求逐渐转变为供不应求，2014年能源供应出现缺口，增加了对生物质能源需求，加之林区生物质能源资源丰富，为产业发展提供了原料保障。黑龙江省重点国有林区现实情况，为生物质能源产业发展提供了契机。二是，受到天保工程二期（2011年开始）和全面停伐政策（2014年开始）影响，林区传统的木材采伐加工业受到严重冲击，林区经济转型亟须寻找接替产业，现阶段生物质能源产业经济效益不显著，但如若考虑其生态效益和社会效益，生物质能源产业的综合效益显著，有助于林区实现林区"生态—经济—社会"协调发展，这些因素是黑龙江省重点国有林区生物质能源产业发展的重要推动力。三是，随着时间推移，前期生物质能源政策效果得以显现，加之新的政策不断出台，为生物质能源产业发展提供了良好环境，加速了林区生物质能源项目落地。

二、各子系统发展水平

上文对黑龙江省重点国有林区生物质能源产业总体发展水平进行了分析，本节继续对各子系统结果进行分析，各子系统评价结果见表6-5。

表6-5 各子系统评价结果

年份	驱动力子系统		压力子系统		状态子系统		影响子系统			响应子系统		
	经济社会驱动力指数	能源驱动力指数	环境压力指数	能源压力指数	资源状态指数	产业状态指数	环境影响指数	经济社会影响指数	能源影响指数	科技响应指数	经济社会响应指数	政策响应指数
2005	0.348	0.674	0.413	0	0.227	0	0.305	0	0.957	0.175	0.126	0
2006	0.319	0.698	0.394	0.087	0.191	0.01	0.591	0.056	0.867	0.155	0.143	0.217
2007	0.378	0.712	0.492	0.239	0.195	0.027	0.623	0.139	0.681	0.348	0.125	0.500
2008	0.408	0.700	0.537	0.371	0.264	0.042	0.709	0.206	0.554	0.335	0.139	0.587
2009	0.394	0.659	0.553	0.420	0.258	0.067	0.792	0.273	0.561	0.389	0.172	0.630
2010	0.444	0.616	0.684	0.506	0.358	0.090	0.868	0.368	0.455	0.496	0.965	0.696
2011	0.463	0.459	0.812	0.617	0.512	0.114	0.868	0.460	0.281	0.678	0.153	0.804
2012	0.598	0.456	0.849	0.744	0.597	0.144	0.949	0.620	0.167	0.983	0.272	0.870
2013	0.600	0.290	0.832	0.739	0.644	0.185	0.853	0.654	0.280	0.883	0.315	0.870
2014	0.738	0.301	0.769	0.836	0.643	0.230	0.766	0.734	0.217	0.631	0.339	0.957
2015	0.595	0.302	0.769	0.910	0.578	0.348	0.380	0.850	0.206	0.697	0.996	0.978
2016	0.637	0.314	0.564	0.975	0.677	0.576	0.741	0.910	0.201	0.609	0.153	0.935
2017	0.675	0.322	0.499	1	0.601	1	0.533	0.940	0.248	0.578	0.189	1

（一）驱动力子系统

2005～2017 年，驱动力子系统呈平稳发展趋势（见图 6-3），驱动力指数 2005 年为 0.499，2017 年为 0.496（见表 6-5），说明黑龙江省重点国有林区生物质能源产业发展的驱动力稳定。社会经济驱动力指数呈波动上升趋势，从 2005 年的 0.348 增至 2017 年的 0.675，增加近一倍。这是由于经济社会发展，人均可支配收入和人均 GDP 都翻了约 4 倍，居民生活水平提高，更加追求绿色环保的发展方式，推动了黑龙江省重点国有林区生物质能源产业发展。能源驱动指数呈波动下降趋势，从 2005 年的 0.674 降到 2017 年的 0.322，年均降幅约为 6.6%。随着经济发展水平的提高，能源利用效率增加，万元 GDP 能耗下降了一倍，降低了黑龙江省重点国有林区生物质能源产业的发展驱动力。总体上看，经济社会发展增加了黑龙江省重点国有林区生物质能源产业发展驱动力，而能源利用率提高降低了驱动力，二者作用程度相当，2005～2017 年黑龙江省重点国有林区生物质能源产业发展驱动力水平保持稳定。

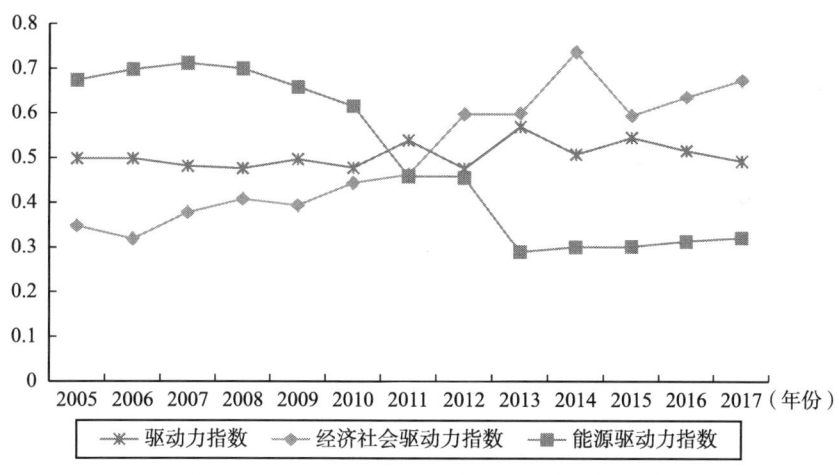

图 6-3　2005～2017 年驱动力子系统变化趋势

（二）压力子系统

2005～2017 年，压力子系统的变化分为两个阶段（见图 6-4）：快速上升期（2005～2015 年）和缓慢下降期（2016～2017 年）。第一阶段，压力指数由 0.279 增至 0.842（见表 6-5），原因在于黑龙江省重点国有林区经济社会发展导致能源需求增加，能源自给率降低，能源供需不平衡，能源缺口开始显现并不断扩大，能源压力增加。第二阶段，压力指数由 0.735 降至 0.693，环境压力得到改善，这得益于人均 SO_2 和人均 CO_2 排放量均出现下降趋势，黑龙江省重点国有林区生物质能源产业发展初显成效，代替了一部分化石能源消费，一定程度上降低了化石能源燃烧排放的有害气体。黑龙江省重点国有林区经济社会发展取得进步，同时也带来了能源消耗增加和环境污染加重的问题，但随着经济社会发展方式优化，能源和环境压力得到改善，生物质能源产业发展压力水平下降。

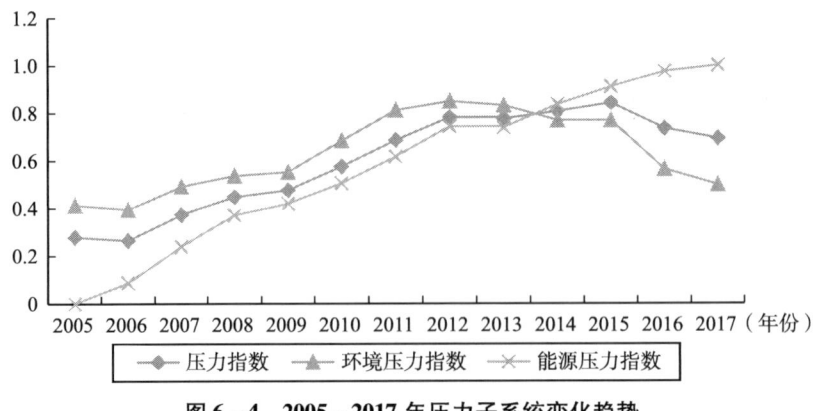

图 6-4　2005~2017 年压力子系统变化趋势

（三）状态子系统

2005~2017 年，状态子系统呈快速上升趋势（见图 6-5），状态指数由 0.099 增至 0.839（见表 6-5）。研究期间，黑龙江省重点国有林区生物质能源资源状态和产业状态均大幅提升，农作物秸秆能源资源量、生物质发电并网装机容量、生物质发电量和地区林业生产总值逐年增加，状态子系统取得了较快发展。原因在于，黑龙江省重点国有林区逐渐认识到发展生物质能源产业对生态、经济和社会的重要性，加之国家出台的各项发展规划和财税补贴政策，为生物质能源产业发展提供了良好的外部环境。丰富的生物质能源资源和不断增加的生物质能源产量，有助于改善生物质能源产业发展的状态子系统，扩大生物质能源产业规模，推动了黑龙江省重点国有林区生物质能源产业发展水平快速提升。

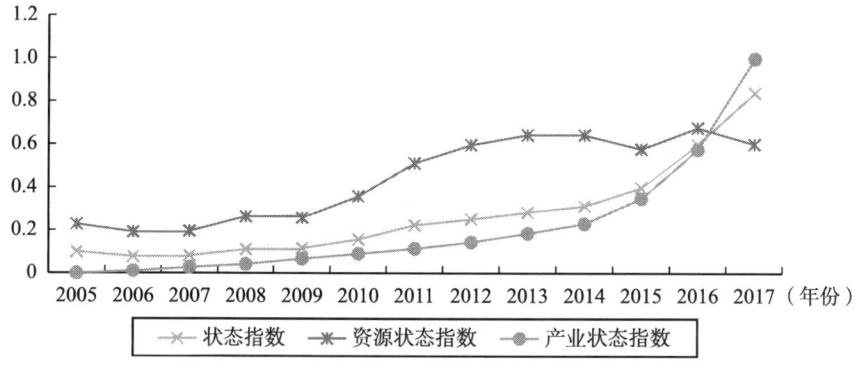

图 6-5　2005~2017 年状态子系统变化趋势

（四）影响子系统

2005~2017 年影响子系统呈小幅上升趋势（见图 6-6），影响指数从 2005 年的 0.482 升至 2017 年的 0.575（见表 6-5）。黑龙江省重点国有林区生物质能源产业发展水平的提升对经济社会、环境及能源消费结构产生了积极影响。从子系统内部看，研究期间经济社会影响指数大幅增加从 0 升至 0.940（见表 6-5），林区 GDP 年均增幅约为 11%，就业率提高了 7 个百分点，这得益于黑龙江省重点国有林区生物质能源产业发展对周边产业的带动，不仅增加了地区生产总值，也提供了新的就业岗位。能源影响指数稳步下降，从 0.957 降至 0.248，原煤消费量和天然气消费量增幅下降，原油消费量从 2013 年开始下降，原因在于黑龙江省重点国有林区生物质能源产业发展取得一定成效开始少量代替化石能源，一定程度上减小了对化石能源的依赖，调节了能源消费结构。环境影响指数波动变化，总体上呈上升趋势，2012 年达到最高点 0.949，2015 年降到次低点 0.380，主要是受空气优良天气比例的影响，生物质能源的"碳中和"效应对 2005~2012 年环境状况改善起到一定作用，前期林木生物质能源资源作为主要原料，随着农作物产量增加，农作物秸秆并没有得到很好利用，多数直接田间焚烧，从而加重了环境污染，导致 2013~2015 年环境状况恶化，随后农作物秸秆作为生物质能源资源的利用率提高，环境状况再次得到改善。总体而言，黑龙江省重点国有林区生物质能源产业发展改善了环境状况，带动了经济社会发展，调节了能源消费结构，对林区产生积极影响，影响子系统水平小幅增加。

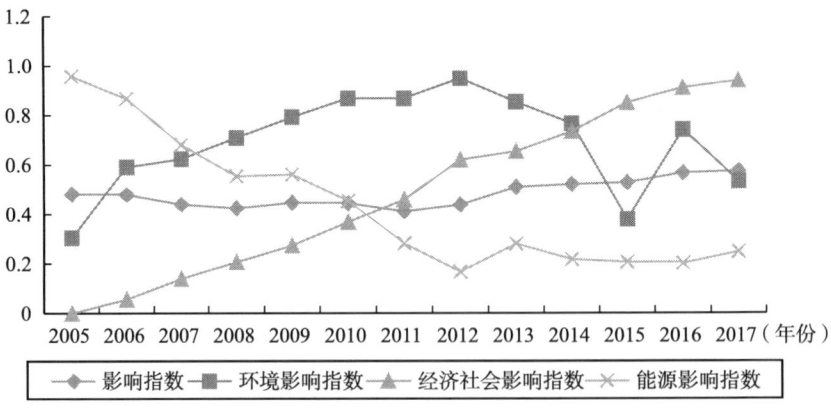

图 6-6　2005~2017 年影响子系统变化趋势

（五）响应子系统

2005~2017 年响应子系统变化呈 M 型变化特征，整体呈上升趋势（见图 6-7）。响应指数变化趋势与经济社会指数高度一致，这主要受生物质能源发展投入强度的影响，2010 年和 2015 年生物质能源发展投入强度两次大幅增加，响应指数随之也出现两次大幅增加，表明生物质能源发展投入强度对响应子系统有重要影响。政策响应指数稳步上升，2005~2010 年政策响应指数对响应指数起到正向作用，但 2010 年后影响不明显，说明前期财税补贴政策的出台促进了生物质能源产业发展，2011 年后作用

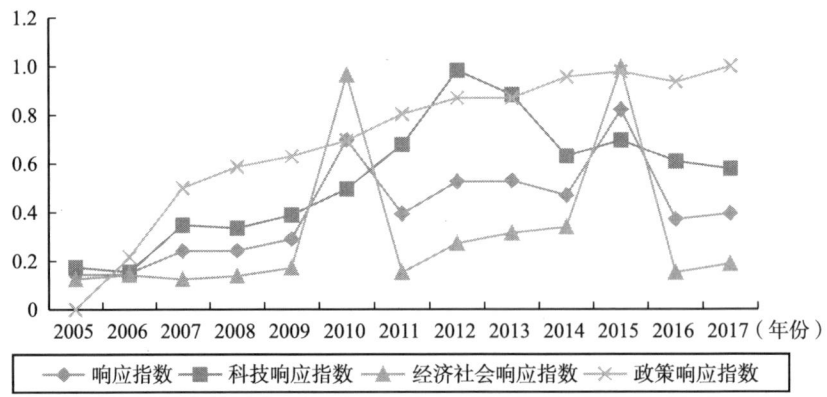

图 6-7　2005~2017 年响应子系统变化趋势

不显著可能是由于政策的具体指导性不强,对黑龙江省重点国有林区生物质能源产业发展推动力减弱。由此可见,提高生物质能源发展投入强度、加强政策法规的指导,是提高生物质能源产业发展水平的重要途径。

第四节 生物质能源产业发展关键影响因素识别结果与分析

在对黑龙江省重点国有林区生物质能源产业发展水平评价基础上,利用障碍度模型识别生物质能源产业发展的关键影响因素,以期为生物质能源产业发展的路径选择和政策制定提供科学依据。

一、子系统结果与分析

根据式(6-13)至式(6-15),计算得到子系统对黑龙江省重点国有林区生物质能源产业发展的障碍度(见表6-6)。从平均值看,状态子系统是对黑龙江省重点国有林区生物质能源产业发展影响最大的子系统,其年均障碍度为29.36%(见表6-6),表明长期以来生物质能源资源利用率不高和产业规模小是黑龙江省重点国有林区生物质能源产业发展的最大短板。2010年后生物质能源项目加速落地,状态子系统对生物质能源产业发展的影响程度逐年下降,2017年状态子系统已不是对黑龙江省重点国有林区生物质能源产业发展影响最大的子系统。

影响子系统是对黑龙江省重点国有林区生物质能源产业发展影响第二大的子系统,其年均障碍度为26.39%(见表6-6),说明林区能源消费结构仍以化石能源为主,虽然已有多个生物质能源项目开始运行,但相对价格更为低廉的化石能源而言没有优势,林区能源消费结构并没有在根本上得到改善,导致影响子系统对生物质能源产业发展的影响程度波动上升,到2017年影响子系统取代状态子系统成为对生物质能源产业发展影响最大的子系统。

驱动力子系统和响应子系统对黑龙江省重点国有林区生物质能源产业发展的影响程度大致相当,分别为17.03%和17.17%(见表6-6),整体上二者都出现了小幅上升,表明经济社会发展水平低和生物质能源产业发展支撑不足,都制约了黑龙江省重点国有林区生物质能源产业的发展,到

2017年响应子系统已成为影响黑龙江省重点国有林区生物质能源产业发展第二大的子系统，由此可见，未来发展过程中应提升科技、经济社会和政策等方面对黑龙江省重点国有林区生物质能源产业发展的支撑力度。

压力子系统对黑龙江省重点国有林区生物质能源产业发展的影响程度最低，年均障碍度为10.5%（见表6-6），整体呈下降趋势，年均降幅为1%，说明由于经济社会发展产生的能源和环境压力减小，对黑龙江省重点国有林区生物质能源产业发展的影响逐渐降低。

表6-6　2005~2017年子系统对黑龙江省重点国有林区生物质能源产业发展的障碍度　　　　单位：%

年份	障碍度				
	驱动力	压力	状态	影响	响应
2005	13.44	13.35	28.47	20.92	23.82
2006	14.55	14.13	30.46	18.92	21.94
2007	14.16	12.19	32.58	22.68	18.40
2008	14.14	11.24	33.09	22.19	19.35
2009	15.17	11.31	33.76	22.60	17.16
2010	16.72	10.70	36.35	25.95	10.29
2011	17.95	8.31	31.44	29.01	13.29
2012	16.82	7.41	33.50	33.08	9.19
2013	22.01	7.50	30.16	28.29	12.05
2014	16.79	7.00	29.42	28.61	18.18
2015	21.39	5.66	28.68	33.80	10.46
2016	20.15	9.86	18.69	27.49	23.80
2017	18.10	11.95	15.14	29.47	25.34
平均值	17.03	10.05	29.36	26.39	17.17

二、指标层结果与分析

仅依靠子系统分析对黑龙江省重点国有林区生物质能源产业发展的影响，可能会掩盖单个指标的个体差异。本节计算了2005~2017年各指标对黑龙江省重点国有林区生物质能源产业发展的影响程度，并对2005年、

2011年和2017年障碍度排名前5位的影响因素进行了识别（见表6-7）。

表6-7　2005年、2011年和2017年黑龙江省重点国有林区生物质能源产业发展的前5位影响因素及其障碍度大小　　单位：%

关键影响因素	指标简写	2005年	2011年	2017年
万元GDP能耗	D_4			9.521
农作物秸秆能源资源量	S_4	4.449		
生物质发电量并网装机容量	S_5	4.449	7.409	
生物质发电量	S_6	4.449	7.299	
原煤消费量	I_6		6.270	8.973
原油消费量	I_7		6.505	9.521
天然气消费量	I_8			9.521
生物质能源研发投入强度	R_1	4.449		
生物质能源技术水平	R_2	4.449		
林业系统专业技术人员人数	R_3			9.521
生物质能源发展投入强度	R_4		7.209	
每年前5位影响因素的障碍度合计		22.245	34.692	47.507

（一）2005~2011年生物质能源产业发展的关键影响因素

从单项指标障碍度看，2005~2017年排名前5位影响因素的障碍度之和最大值为2017年的47.507%，最小值为2005年的22.245%（见表6-7）。2005~2011年，排在2两位的影响因素始终为生物质发电并网装机容量（S_5）和生物质发电量（S_6），期间农作物秸秆能源资源量（S_4）、原煤消费量（I_6）、原油消费量（I_7）、生物质能源研发投入强度（R_1）、生物质能源技术水平（R_2）及生物质能源发展投入强度（R_4）也对黑龙江省重点国有林区生物质能源产业发展产生较大影响。

2005~2017年，上述因素成为影响黑龙江省重点国有林区生物质能源产业发展的关键因素，说明2011年前生物质能源产业发展刚刚起步，生物质能源（如生物质发电量）产能不足，产业规模较小，是影响黑龙江省重点国有林区生物质能源产业发展的主要原因。另外，由于生物质能源产业属于技术密集型的新兴产业，2011年前黑龙江省重点国有林区生物质能源开发利用技术薄弱，生物质能源资源利用率较低，生产技术环节仍存在瓶颈，导致生物质能源价格居高不下，与化石能源相比，市场竞争力差，需要资金投入支持生物质能源技术水平的不断提升。因此，提高生物质能源技术水平，增加产品市场竞争力，有利于促进黑龙江省重点国有林区生物质能源产业发展。

（二）2011~2017年生物质能源产业发展的关键影响因素

2011~2017年，排名前5位的影响因素发生一定变化，但原煤消费量（I_6）和原油消费量（I_7）仍为主要影响因素，且2017年天然气消费量（I_8）的障碍度上升进入前5位，这说明生物质能源市场占有率不高，市场竞争力差仍是影响黑龙江省重点国有林区生物质能源产业发展的主要原因。生物质发电并网装机容量（S_5）和生物质发电量（S_6）的障碍度逐渐降低，2017年已不是排在前5位的影响因素。

2011~2017年，黑龙江省重点国有林区生物质能源产业发展的关键影响因素发生变化，究其原因在于，随着政府部门对生物质能源产业发展扶持力度加大，如设定农林生物质发电项目统一执行标杆上网电价0.75元/（kW·h）、减免生物质发电企业所得税等措施，加速了黑龙江省重点国有林区生物质能源项目落成，形成了一定的生产规模，生物质发电并网装机容量和生物质发电量对生物质能源产业发展的影响程度明显降低。2017年，林业系统专业技术人员人数（R_2）和万元GDP能耗（D_4）的障碍度上升，成为排名前五的影响因素，这说明技术方面问题仍是影响黑龙江省重点国有林区生物质能源产业发展的重要因素，技术水平和从业人员技术水平都需要不断加强。同时，万元GDP能耗在2011~2017年年均降幅为6.7%，但仍是影响生物质能源产业发展的主要因素，这是由于能源消费结构仍以化石能源为主，没有根本的改善，再次说明黑龙江省重点国有林区生物质能源市场竞争力差制约了产业发展。

（三）2005~2017年生物质能源产业发展的关键影响因素

从指标障碍度时序变化看，2005~2017年，黑龙江省重点国有林区生物质能源产业发展影响因素及其障碍度大小均发生一定变化。早期关键影响因素为生物质发电量并网装机容量（S_5）、生物质发电量（S_6）和农作物秸秆能源资源量（S_4），表明生物质能源资源利用率不高、产业规模小，制约了黑龙江省重点国有林区生物质能源产业发展。近期关键影响因素逐渐转变为原煤消费量（I_6）、原油消费量（I_7）、天然气消费量（I_8）等，说明生物质能源市场竞争力差,对黑龙江省重点国有林区生物质能源产业发展有较大影响,而生物质能源技术水平(R_1、R_2和R_3)对生物质能源产业发展的影响一直贯穿整个研究期间。

根据2005~2017年黑龙江省重点国有林区生物质能源产业发展排名前五位的影响因素,得到其频次分布(见图6-8)。从影响因素的聚集性看,2005~2017年,频次≥5的影响因素为生物质发电并网装机容量(S_5)、生物质发电量(S_6)、生物质能源发展投入强度(R_4)、生物质能源技术水平(R_2)、原煤消费量(I_6)、万元GDP能耗(D_4)和农作物秸秆能源资源量(S_4)共七个因素。这表明黑龙江省重点国有林区生物质能源产业发展的关键影响因素主要体现在五个方面:一是,生物质发电并网装机容量和生物质发电量成为关键影响因素,二者频次均为最高的十次,表明生物质能源产能不足,产业规模小,制约了黑龙江省重点国有林区生物质能源产业发展;二是,生物质能源发展投入强度频次为第二高的八次,说明现阶段生物质能源发展需要大量资金投入,而金融支撑不足,限制了黑龙江省重点国有林区生物质能源产业发展;三是,生物质能源技术水平出现频次为七次,说明生物质能源技术水平不高,对黑龙江省重点国有林区生物质能源产业发展有较大影响;四是,原煤消费量和万元GDP能耗为关键影响因素,表明生物质能源在能源市场上竞争力较低,不利于黑龙江省重点国有林区生物质能源产业发展;五是,农作物秸秆能源资源量的频次为五次,表明生物质能源资源利用率不高在一定程度上阻碍了黑龙江省重点国有林区生物质能源产业发展。

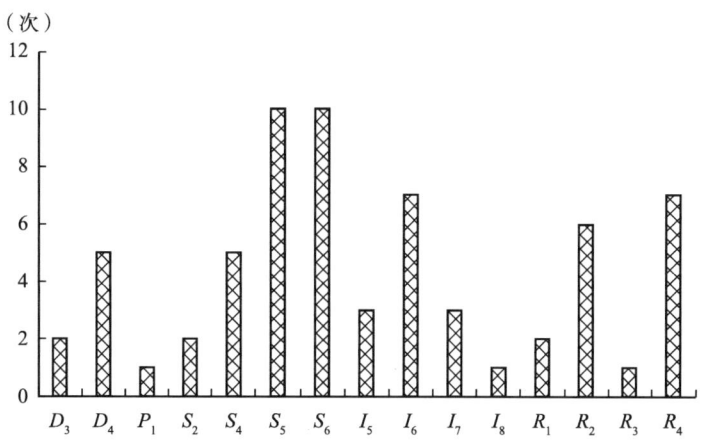

图6-8 黑龙江省重点国有林区生物质能源产业发展前五个影响因素频次分布

第五节 本章小结

本章基于生物质能源产业发展机理理论分析得出的影响因素，从驱动力、压力、状态、影响和响应五个维度，构建了黑龙江省重点国有林区生物质能源产业发展评价指标体系，利用 TOPSIS 模型评价了生物质能源产业发展水平，运用障碍度模型识别了产业发展的关键影响因素。研究表明：一是，2005～2017 年，黑龙江省重点国有林区生物质能源产业发展水平稳步上升，经历了由"低等水平—中等水平—较高等水平"的演变过程。其中，驱动力子系统基本保持稳定，压力子系统先升后降，状态子系统和影响子系统逐步上升，响应子系统呈现 M 型变化特征。二是，从子系统结果看，2005～2017 年，状态子系统对生物质能源产业发展的影响最大，年均障碍度为 29.36%，随后依次是影响子系统、响应子系统、驱动力子系统和压力子系统。三是，从指标层结果看，生物质发电并网装机容量、生物质发电量、生物质能源发展投入强度、生物质能源技术水平、原煤消费量、万元 GDP 能耗及农作物秸秆能源资源量是黑龙江省重点国有林区生物质能源产业发展的关键影响因素。四是，2005～2017 年，早期生物质能源资源利用率不高、产业规模小，制约了黑龙江省重点国有林区生物质能源产业发展，近期资金投入不足、市场竞争力差，对黑龙江省重点国有林区生物质能源产业发展影响较大，而技术水平低对黑龙江省重点国有林区生物质能源产业发展的影响一直贯穿整个研究期间。

第七章 黑龙江省重点国有林区生物质能源产业发展对策与建议

本书第三章对现状进行了分析,第四章和第五章对黑龙江省重点国有林区生物质能源产业发展机理进行了分析和验证,第六章对黑龙江省重点国有林区生物质能源产业发展水平进行了评价,识别了产业发展的关键影响因素,可知,要加快生物质能源产业发展进程,需要减轻各影响因素对生物质能源产业发展的影响程度。基于前六章的理论模型与实证研究,从完善生物质能源产业政策、提高生物质能源产业技术创新能力、加大生物质能源产业金融支持力度、健全生物质能源产业市场运行机制和建立生物质能源产业原料保障体系五个方面,提出推动黑龙江省重点国有林区生物质能源产业发展的对策与建议。

第一节 完善生物质能源产业政策

第三章分析表明,现有政策在黑龙江省重点国有林区生物质能源产业发展初期起到关键作用,但随着产业不断发展,战略规划可操作性不强、缺乏针对林区专门政策等问题显现。根据第五章黑龙江省生物质能源产业发展机理理论模型的验证分析可知,本书提出的在生物质能源产业发展路径中,假设 H_4 和 H_7 成立。因此验证了以下关系:在黑龙江省重点国有林区生物质能源产业发展过程中,响应因素显著正向作用于驱动力因素;响应因素显著正向作用于影响因素。假设 H_4 和 H_7 成立,表明政策是影响黑龙江省重点国有林区生物质能源产业发展的重要因素,加大政策扶持力度能够增加生物质能源产业发展的驱动力,促进生物质能源产业可持续发展。现实情况是黑龙江省重点国有林区生物质能源企业盈利高度依赖财税补贴政策。因此,需要进一步完善黑龙江省重点国有林区生物质能源产发展的政策支撑体系。

一、编制长远战略规划

黑龙江省重点国有林区农林生物质能源资源丰富，但分布不均，生物质能源产业没有形成规模，有必要制定长远的战略规划，确定黑龙江省重点国有林区生物质能源产业发展方向。生物质能源产业发展的战略规划直接影响生物质能源项目的建设布局及可持续发展能力，例如前期两个生物质能源项目选址不当，距离过近，引发原料竞争，会间接增加原料成本；合理地选择生物质能源原料和开发利用技术也是规划的重要内容，如双丰林业局热电联产项目选址周边就是林区，应充分利用林木生物质能源资源，与农作物秸秆能源资源一起作为原料进行生物质发电；而国能望奎生物质发电有限公司建厂地点离林区还有一定距离，为减少运输费用，应主要利用周边的农作物秸秆能源资源进行生物质发电。

国外一般建立了专门的生物质能源咨询、指导机构，为生物质能源项目建设提供客观、准确的意见。如美国设立了生物质能源项目办公室及生物质技术咨询委员会、澳大利亚设立了可再生燃料委员会等。黑龙江省重点国有林区应以政府为依托，组成由学术界、产业界为主的具有生物质能源相关专业背景的专家团队，编制生物质能源长期发展战略规划，为黑龙江省重点国有林区生物质能源项目建设提供专业性建议及战略性指导，减少生物质能源产业的管理风险。

二、出台产业扶持政策

作者通过实地调研发现，黑龙江省重点国有林区生物质能源产业发展尚在起步阶段，生物质能源产业政策存在不完善和延续性差等问题。在全面分析黑龙江省重点国有林区生物质能源产业可持续发展约束条件的基础上，制定产业长短期相结合的针对性扶持政策，促进生物质能源产业健康、可持续发展。短期目标是提供融资平台，增加投融资渠道，吸引社会资本进入生物质能源领域，鼓励企业和个人参与生物质能源项目，确保产业发展初期得到足够资金支持；长期目标是培育生物质能源产业市场化运作能力，依靠初期政策干预，形成政策和市场的有机结合，逐渐形成规模化发展，降低生产成本，提高竞争力，实现黑龙江省重点国有林区生物质能源产业的可持续发展。

三、健全产业激励机制

从表面上看,黑龙江省重点国有林区生物质能源企业是自主经营、自负盈亏,但实际上,政府作为生物质能源产业的监督主体,发挥着重要的调控作用。黑龙江省重点国有林区生物质能源宏观政策初步形成,但仍不完善,需要从微观角度解决生物质能源产业发展中出现的新问题,形成完整的政策支持体系,推进产业发展。目前,生物质能源产业政策以税收政策和补贴政策为主,这些政策促进了生物质能源项目落地,但在项目实际运营过程中仍面临诸多问题。生物质能源项目前期投资较大,龙头企业较少,企业自身应对风险能力较弱,发展过程中容易出现资金链断裂等问题,需要多种激励政策结合的政策工具。生物质能源政策不仅要有税收政策和补贴政策,信贷优惠政策能在很大程度上吸引社会资本进入生物质能源市场[232]。黑龙江省重点国有林区应联合当地银行,对生物质能源项目给出定向信贷优惠,同时,增加一部分政府购买生物质能源配额,提高生物质能源需求量。实现生物质能源项目筹建到产品生产各个环节全产业链的政策支持,从单一政策补贴措施逐渐向政策工具组合转化,形成对黑龙江省重点国有林区生物质能源产业发展的全方位支持。如对双丰林业局热电联产项目这种前景较好的企业,在项目运行收回投资成本前,给予免、贴息贷款,既能增加社会资本参与度,又能降低企业资本风险,改善生物质能源项目投融资困难的局面。

四、实施政策绩效考核

在国家生物质能源发展规划框架下,制定黑龙江省重点国有林区生物质能源产业发展规划和实施细则,有助于强化政策对黑龙江省重点国有林区生物质能源产业发展的支撑。同时,聘请第三方专业机构对政策实施效果进行评价,开展事前审核、事中监管和事后评估,保障政策的有效性。通过这种绩效评价机制对政策执行全程实施动态监控,及时发现问题,为政府提供一个全方位了解政策实施效果的途径,为后期政策制定与调整提供依据,推进黑龙江省重点国有生物质能源产业高效发展。

第二节 提高生物质能源产业技术创新能力

根据第五章黑龙江省生物质能源产业发展机理理论模型的验证分析可知,本书提出的生物质能源产业发展路径中,假设 H_4 和 H_7 成立。因此验证了以下关系:在黑龙江省重点国有林区生物质能源产业发展过程中,响应因素显著正向作用于驱动力因素;响应因素显著正向作用于影响因素。假设 H_4 和 H_7 成立,表明生物质能源技术水平对黑龙江省重点国有林区生物质能源产业发展有较大的正向影响。

根据第六章黑龙江省重点国有林区生物质能源产业发展关键影响因素的分析可知,生物质能源技术水平(R_2)在2005~2017年黑龙江省重点国有林区生物质能源产业发展影响因素出现的频次为7次,在所有影响因素中排名第三。近年来,黑龙江省重点国有林区生物质能源开发利用技术水平有一定程度提高,但2005~2017年生物质能源技术水平一直是影响林区生物质能源产业发展的关键因素。第五章和第六章的研究结果表明,生物质能源技术水平对黑龙江省重点国有林区生物质能源产业发展有较大的影响。生物质能源属于新兴产业,技术创新是其发展的根本动力和内在动因,技术成果转化之后可以给生物质能源企业带来经济收益,激励企业进一步进行技术创新,形成良性循环。因此,一定要采取措施提高黑龙江省重点国有林区生物质能源技术创新能力。

一、增加技术研发投入

现阶段,黑龙江省重点国有林区生物质能源开发利用技术尚未具备自主研发能力,只能引进国外技术,无法根据当地生物质能源特点,实现技术自主研发。资金是企业开展技术研发的基础,足够的资金投入是技术研发的保障,黑龙江省重点国有林区生物质能源企业的规模较小,无法依靠自身资金实现研发能力提升,这就需要政府针对生物质能源开发利用技术瓶颈,给予企业技术研发资金支持[233]。通过政府引导,激励企业进行技术创新,从技术供给和需求层面,提升黑龙江省重点国有林区生物质能源技术水平,促进生物质能源技术实现市场转化。

二、组建技术科研团队

黑龙江省重点国有林区生物质能源技术水平不高，仅依靠生物质能源企业自身很难在短期实现技术进步，构建以生物质能源企业为主体，高校及其他科研机构为支撑，形成"产—学—研"相结合的技术创新网络，是黑龙江省重点国有林区生物质能源技术创新的方向。目前，黑龙江省内就有多个从事生物质能源领域研究的院校和科研单位，应充分发挥这些学校和科研院所的优势，建立生物质能源开发利用技术研究团队，形成以"产—学—研"合作模式为核心的区域性技术联盟，加快生物质能源开发利用技术市场化进程，减少技术水平对黑龙江省重点国有林区生物质能源产业发展的影响。

三、推动技术创新与进步

目前，黑龙江省重点国有林区生物质能源企业多数还处在技术使用阶段，关键技术和设备多从国外引进，如何实现技术创新向更高阶段转化，是提高生物质能源技术水平的关键。第三章分析结果表明，生物质发电项目在黑龙江省重点国有林区发展较快，可以优先从生物质发电技术入手，进行技术创新，以此带动其他生物质能源技术水平进步。研究表明，技术创新可分为三个阶段，包括技术使用阶段、技术改进阶段和技术自主创新阶段[148]。双丰林业局的热电联产项目，还处在技术使用阶段，以此为例设计生物质能源技术创新演进过程（见图7-1），为生物质能源企业提供借鉴。生物质发电技术从技术使用阶段向技术改进阶段发展的过程中，双丰林业局应加强与高校、研究机构合作，形成"产—学—研"技术联盟，弥补现阶段缺少专业技术人员的不足。同时，也需要政府对双丰林业局进行直接补贴，降低研发成本，为其技术创新提供资金保障。在从技术改进阶段向技术自主创新阶段发展过程中，双丰林业局应吸收国外生物质发电先进技术，改造为更适合以农林生物质能源资源为原料的技术类型。这个阶段要注重技术人才培养，通过引进优秀人才，加强林业局内部技术人员培训，实现技术人员自有化，彻底摆脱对国外技术的依赖。当到达自主创新技术阶段后，政府可将直接补贴转为税收补贴，通过这种事后补贴方式，激励技术市场化。当双丰林业局热电联产项目经济效益达到一定水平可以考虑取消政府补贴，依靠企业盈利进行研发投入，降低对补贴的依赖性。

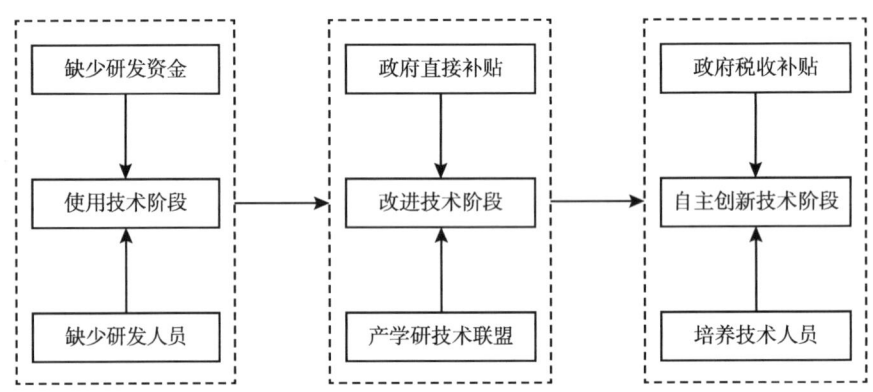

图 7-1　黑龙江省重点国有林区生物质能源技术创新演进阶段

第三节　加大生物质能源产业金融支持力度

根据第六章黑龙江省重点国有林区生物质能源产业发展关键影响因素的分析可知，生物质能源发展投入强度（R_4）在 2005~2017 年黑龙江省重点国有林区生物质能源产业发展影响因素出现的频次为七次，在所有影响因素中排名第二。生物质能源产业投资金额大，回收期长，需要充足的资金支持，通过第六章的研究结果来看，资金投入不足制约了黑龙江省重点国有林区生物质能源产业发展。黑龙江省重点国有林区生物质能源企业规模小，仅依靠企业自筹资金，不能满足产业发展需要。税收政策和补贴政策一定程度上减轻了黑龙江省重点国有林区生物质能源企业的资金压力，对生物质能源产业发展起到了推动作用，但随着产业不断发展补贴效果降低、融资力度不足等问题随之而来。因此，需要加大生物质能源产业金融支持力度，充分发挥资本市场主导作用，形成产业政策和金融支持的双重支撑，助力黑龙江省重点国有林区生物质能源产业发展。

生物质能源产业属于新兴产业，项目投资额度大，投资风险高，投资回收时间长，降低了投资者的信心和投资意愿，限制了融资渠道的拓展，阻碍了产业发展，需要实现融资渠道多元化。政府应对黑龙江省重点国有林区生物质能源产业的投融资活动进行宏观调控和监管，简化行政审批手续,扩大企业投资自主权,增加生物质能源项目监管透明度,提升投资者信心。生物质能源企业应根据项目特点,利用多种融资方式为生物质能源项目提供资金保障,减少因资金链断裂而导致的企业运营风险。国外生物质能源投融资渠道主要为政府直接投资、银行贷款、民间资本、国际融资、可再生能源投资基金、风险投资基金、股票上市等。[234]根据黑龙江省重点国有林区自身状况及生物质能源产业发展情况,提出以下投融资建议。

一、加大政府融资支持

生物质能源有多种开发利用方式,发展阶段也不同,可以采取政府直接补贴和政府税收补贴相结合的方式,着重支持生物质能源产业发展初期关键技术和设备的研发,加大对发展前景较好企业的补贴力度,解决生物质能源企业资金投入不足的问题。以生物质发电为例,现阶段税收优惠主要是对以农林剩余物为原料生产生物质颗粒燃料或压块燃料进行发电的企业,给予增值税100%即征即退的="优惠",并以企业取得第一笔生产经营收入所属纳税年度为起点,1~3年免征企业所得税,4~6年减半征收企业所得税。针对黑龙江省重点国有林区生物质能源企业规模小、融资难度大的特点,可以进一步加大政府支持力度。如财政设立单独的生物质能源补贴资金支出项目,给予技术创新能力相对较强的企业直接补贴,鼓励其进行技术创新,减轻企业负担,提高经济效益。

二、鼓励民间资本进入

为了增加黑龙江省重点国有林区生物质能源项目的融资能力,要鼓励非银行金融机构的民间资本,参与生物质能源项目的建设与运营。通过民间资本实现项目融资,一方面能够为生物质能源产业发展提供资金保障,另一方面民间资本具有专业和规范的市场运作流程,有利于降低生物质能源项目风险,是黑龙江省重点国有林区生物质能源产业重要的融资渠道。

三、开辟国际融资渠道

黑龙江省重点国有林区生物质能源产业资金来源不仅要瞄准国内,更要放眼全球,吸引国际组织、国外企业或个人参与生物质能源项目建设。

例如，双丰林业局热电联产项目83%的投资来自世界银行贷款，这说明黑龙江省重点国有林区优质的生物质能源项目有能力吸引国际资金参与。因此，应该积极开拓外资引入通道，对外商直接投资给予优惠，通过多种融资方式的联合，推动生物质能源资金商业化进程，增强黑龙江省重点国有林区生物质能源产业融资能力。

四、建立产业专项基金

生物质能源专项基金是可再生能源投资基金范畴内的一种公益资金，中国已经建立的非粮生物质化工和生物质化工基地的专项补助资金只能覆盖一小部分生物质能源项目。黑龙江省重点国有林区生物质能源项目融资能力差，更加需要专项产业基金的扶持。专项基金应该具有较大的产业覆盖范围，包括原料收储运、技术研发和产品销售等产业链的多个环节，能够实现增加融资渠道的目的。

第四节 健全生物质能源产业市场运行机制

根据第六章黑龙江省重点国有林区生物质能源产业发展关键影响因素的分析可知，原煤消费量（I_6）和万元GDP能耗（D_4）在2005～2017年黑龙江省重点国有林区生物质能源产业发展影响因素出现的频次分别为8次和5次，在所有影响因素中分别排名第二和第四。原煤消费量（I_6）和万元GDP能耗（D_4）的高频次出现，表明市场竞争力差限制了黑龙江省重点国有林区生物质能源产业发展。现阶段，相比传统化石能源，生物质能源产品的高价格降低了在能源市场上的竞争力，黑龙江省重点国有林区能源消费结构仍是以化石能源为主，公众对生物质能源接受度不高，提高生物质能源产品市场竞争力，是促进生物质能源产业发展的核心路径。

一、构建市场信息平台

市场对资源配置起到调控作用，是生物质能源产业发展的核心环节。黑龙江省重点国有林区生物质能源企业在生物质能源项目立项、技术设备引进、原料采购及生产经营过程中，多个环节都存在信息不对称的问题。

因此，黑龙江省重点国有林区有必要建立区域性的市场信息共享平台，同时，建立生物质能源产业风险预警机制，及时监控政策、市场供需等信息的变化，为组织者、生产者和消费者提供客观、准确、及时的市场信息和市场动态。市场信息平台可以采取两种构建方式：一是政府负责建立市场信息平台，无偿为生物质能源参与者提供相关服务；二是借助中介机构的专业优势，通过有偿服务或成本补贴进行信息交换，确保信息通道顺畅，降低信息获取时间和成本。这样，有助于生物质能源企业快速抓住关键节点，及时调整企业的运营方式，推进生物质能源产业健康有序发展。

二、确立市场运行模式

开拓生物质能源市场是一项复杂的系统工程，在进入市场初期，企业依靠自身很难实现盈利，需要政府干预和市场机制"双管齐下"的方式，为黑龙江省重点国有林区生物质能源产业提供良好发展环境。在生物质能源产业发展的不同阶段，要处理好政府和市场的关系，前期是政府主导，企业实现盈利主要依靠补贴政策，但长此以往容易造成企业对政策的过度依赖，发生投机行为，降低企业技术创新动力。因此，一旦生物质能源开始获得较高经济效益，就应逐步减少直接调控政策的比重，充分利用政策的杠杆作用，调动生物质能源主体的积极性，逐步确立市场主导地位，让市场机制发挥作用，实现生物质能源发产业发展模式从政策主导向市场主导过度。黑龙江省重点国有林区生物质能源产业发展应遵循"政府引导+市场主导"模式，通过政府弥补市场失灵，让政府在市场机制失灵情况下恰当"补位"，维护公平有效的市场竞争，保证市场机制发挥决定性的调节作用。

三、增强产品市场竞争力

黑龙江省重点国有林区生物质能源产业发展的根本目的是生产符合市场需求的绿色可再生性能源，但由于生产成本较高降低了产品市场竞争力，制约了生物质能源产业的发展。生物质能源市场需求不稳定性，面临较大风险，可以从以下方面着手提高生物质能源产品市场竞争力、增加市场需求。

一是降低产品价格。在市场经济中，价格通过市场销售量反映商品的供求关系,调节商品生产和流通,达到资源合理配置。价格是影响黑龙江省重点国有林区生物质能源产品市场竞争力最重要的因素,如何有效地降低生物质能源产品价格,成为增加市场竞争力的重要手段。第一,建立适合的生物质能源原料收、储、运模式,降低原料成本;第二,加大对生物质能源财税补贴力度,降低生产成本;第三,通过技术创新和制度创新,进一步降低生产成本。通过这些措施,在黑龙江省重点国有林区生物质能源产业发展初期,调节产品价格,逐步提高市场竞争力。

二是培育龙头企业。研究表明,生物质能源产业只有达到一定规模,才能获得相对理想的规模效益,增强市场竞争力。通过实地调研发现,黑龙江省重点国有林区生物质能源尚未实现产业化,规模小、发展程度低成为制约生物质能源产业发展的关键因素。因此可以通过重点培育林区生物质能源龙头企业,带动中小企业,逐步实现产业化、规模化发展,提高市场竞争力。第一,促进重点生物质能源企业与科研院所联合,增加企业技术支撑能力;第二,对重点生物质能源企业,给予贷款贴息或贷款免息等财税政策扶持,降低生产成本;第三,增加重点生物质能源企业各方面资金投入,缓解企业短期盈利差的问题,促使重点企业向龙头企业转变。通过培育龙头企业,带动黑龙江省重点国有林区生物质能源产业发展,形成规模效应,提高市场竞争力,增加产品在能源市场上的份额。

第五节 建立生物质能源产业原料保障体系

第三章生物质能源资源现状分析结果表明,黑龙江省重点国有林区生物质能源资源丰富,有较大的开发利用潜力。根据第六章黑龙江省重点国有林区生物质能源产业发展关键影响因素的分析可知,农作物秸秆能源资源量(S_4)在2005~2017年黑龙江省重点国有林区生物质能源产业发展影响因素出现的频次为五次,在所有影响因素中排名第四。该研究结果表明生物质能源资源并未得到有效利用,阻碍了黑龙江省重点国有林区生物质能源产业的发展。生物质能源产业以农林剩余物为原料,是对农业和林业产业链的延伸,生物质能源产业与农业和林业的发展密切相关,农业和林业体系越发达,生物质能源企业的运营成本相对越容易控制。黑龙江省重点国有林区对生物质能源资源利用程度较小,生物质能源资源收集成本较高,增加了生物质能源的原料成本,导致生物质能源产品价格偏高,降低了市场竞争力。只有建立科学、完备的原料保障体系，降低原料成本，才能实现对生物质能源资源的充分利用。

一、开展资源详查

确定生物质能源资源量是生物质能源产业发展的基础，要避免生物质能源企业因争夺原料而导致的生产成本上升。研究表明，生物质原料的最佳收集半径为50km，要合理确定生物质能源项目建厂地址，需要对周边生物质能源资源量进行准确、详细、具有前瞻性的估算，避免由于原料竞争对生物质能源企业的经济效益产生影响。第三章对黑龙江省重点国有林区生物质能源资源的整体状况进行了估算，生物质能源项目选址之前，有必要对预选地址半径50km内的生物质能源资源进行详细调查，分析生物质能源原料是否能够长期、持续供给生物质能源企业，为确定生物质能源企业规模与产品结构提供依据。

二、优化原料供应体系

研究表明，生物质能源产业的原料成本占总成本比例高达70%~80%，原料成本高制约了黑龙江省重点国有林区生物质能源产业发展，需要根据林区实际情况建立合理的原料收储运体系，保证原料的可持续供应，从源头上降低生物质能源的生产成本，提高生物质能源产品市场竞争力。本书以农作物秸秆为原料的生物质发电项目为例，构建了黑龙江省重点国有林区生物质发电企业原料的供应链。现阶段可以采用"农户—秸秆经纪人—企业"的收储运体系，这种模式企业不需要组建自己的收储运体系，能够在一定程度上降低企业初期的生产成本。随着产业发展，生物质发电企业数量和规模增加，农作物秸秆需求量也会增加，如果仍然采用"农户—秸秆经纪人—企业"的收储运体系，秸秆经济人为了追求更多利润，会提高原料价格，导致企业原料成本增加。当生物质发电企业规模扩大后，企业可以建立自己的收储运体系，从农户手中直接收集秸秆或与农民合作社签订供需合同，合作社将农户秸秆集中，形成"农户/农民合作社—秸秆收储运公司—企业"的原料供应链模式。这种模式下企业能够掌握自主权，降低企业原料供应风险。通过优化原料供应系统，提高生物质能源资源利用效率，降低原料成本，为黑龙江省重点国有林区生物质能源产业发展提供原料保障。

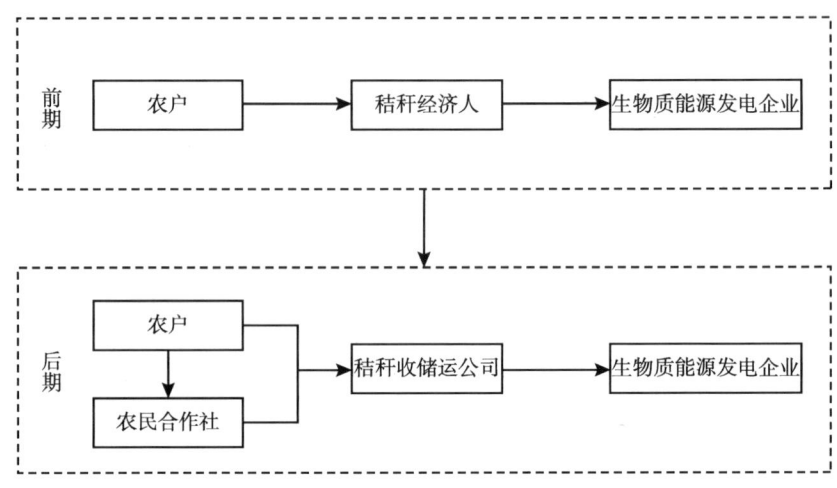

图 7-2 黑龙江省重点国有林区农作物秸秆原料供应链

第六节 本章小结

本章在前文理论分析和实证研究基础上，从完善生物质能源产业政策、提高生物质能源产业技术创新能力、加大生物质能源产业金融支持力度、健全生物质能源产业市场运行机制和建立生物质能源产业原料保障体系五个方面，提出推动黑龙江省重点国有林区生物质能源产业发展的对策与建议。以双丰林业局热电联项目为例，设计了生物质能源技术创新演进过程，从技术使用阶段缺少研发资金和人员，向技术改进阶段发展，获得政府直接补贴，形成"产—学—研"技术联盟，最后到达技术自主创新阶段，得到政府税收补贴，实现技术人员自有化。以利用农作物秸秆进行生物质发电的企业为例，构建了农作物秸秆原料供应链体系，初期采用"农户—秸秆经纪人—企业"的收储运体系，降低成本，逐步向"农户/农民合作社—秸秆收储运公司—企业"转变，保证原料的可持续供给。

结　　论

本书在黑龙江省重点国有林区全面停伐、林区支柱产业缺失、职工收入水平增长缓慢、亟须经济转型的背景下，作者以黑龙江省重点国有林区为研究范畴，以生物质能源产业为研究对象，以实际调研数据和统计资料为基础，以文献分析法、实地调查法、系统论方法、偏最小二乘结构方程模型方法和 TOPSIS 模型方法为研究手段，基于 DPSIR 理论模型，研究生物质能源产业发展机理，梳理生物质能源产业发展影响因素之间的作用关系，测度生物质能源产业发展水平，辨析各影响因素对生物质能源产业发展整体的作用，以期为黑龙江省重点国有林区生物质能源产业健康有序发展提供理论参考与实证指导。主要研究结论有：

一是提出了生物质能源产业发展"DPSIR"分析范式。将生物质能源产业发展视为一个复合系统，基于 DPSIR 理论模型，构建了生物质能源产业发展的"DPSIR"分析范式，从驱动力、压力、状态、影响和响应五个维度，解构生物质能源产业发展系统。"DPSIR"分析范式从"原因—结果"的视角，对生物质能源产业发展影响因素的作用关系进行提炼，揭示了系统内部物质和能量的流通路径。以生物质能源产业发展推动力为研究起点，分析生物质能源产业发展所处状态，研究生物质能源产业发展产生的影响，提出响应措施。具体表现为：全面停伐后林区经济社会发展方式变化、能源需求增加作为生物质能源产业发展"驱动力"，产生了环境污染和能源短缺双重"压力"，二者分别作为生物质能源产业发展的间接推动力和直接推动力，引起生物质能源资源和产业"状态"变化，对林区经济社会产生"影响"，促使管理部门对变化做出积极"响应"。"响应"又反作用于"驱动力""压力""状态"和"影响"，形成了从动因到结果的运行机制，旨在促进生物质能源产业可持续发展。论文根据 DPSIR 理论模型，提出了生物质能源产业发展"DPSIR"分析范式，补充了生物质能源产业发展理论体系，这是本书创新之处。

二是分析了黑龙江省重点国有林区生物质能源产业发展的总体状况。从生物质能源资源和生物质能源产业两个方面，系统阐述了黑龙江省重点国有林区生物质能源产业发展现状。生物质能源资源现状结果表明：黑龙江省重点国有林区生物质能源资源丰富，2005~2017年生物质能源资源量稳步上升。受天保工程和全面停伐政策影响，林木生物质能源资源量小幅下降，年均降幅为1%；农作物秸秆能源资源量逐年上升，年均增幅为6%，占生物质能源资源量比重逐渐增加，从2005年的23%增加到2017年的40%。生物质能源产业现状研究结果表明：黑龙江省重点国有林区生物质能源产业发展取得了一定成效，生物质直燃发电技术较为成熟，生物质发电项目增长较快，但仍存在战略规划可操作性不强、技术市场化转变能力弱、融资渠道拓宽难度大等问题。

三是构建了黑龙江省重点国有林区生物质能源产业发展机理理论模型，并对其进行验证。基于"DPSIR"分析范式，从驱动力、压力、状态、影响和响应五个维度，界定了黑龙江省重点国有林区生物质能源产业发展的影响因素，梳理了影响因素之间的作用关系，构建了生物质能源产业发展机理理论模型，提出研究假设，利用偏最小二乘结构方程模型对理论模型进行验证。研究结果表明："驱动力—压力—状态—影响"路径成立，表明生物质能源产业发展和林区经济社会发展之间存在相互促进的关系。林区经济社会发展造成了环境污染、能源短缺，二者共同成为生物质能源产业发展的推动力，促进了生物质能源产业发展状态不断提升，从而对林区经济社会环境产生积极影响。"响应—驱动力"和"响应—影响"路径成立，表明提升生物质能源技术水平及加大政策扶持力度，有助于优化林区经济社会发展模式，改善林区经济社会环境，促进生物质能源产业可持续发展，二者是推动生物质能源产业发展的有效措施。论文从一个全新角度构建了黑龙江省重点国有林区生物质能源产业发展机理的分析框架，这是本书的创新之处。

四是测度了黑龙江省重点国有林区生物质能源产业的发展水平，识别了产业发展的关键影响因素。根据生物质能源产业发展机理理论分析得到的影响因素，建立了黑龙江省重点国有林区生物质能源产业发展的评价指标体系，从整体上探索各影响因素对生物质能源产业发展的作用，利用TOPSIS模型评价了生物质能源产业发展水平，运用障碍度模型识别了产业发展的关键影响因素。TOPSIS模型研究结果表明：2005~2017年，黑龙江省重点国有林区生物质能源产业发展水平稳步上升，经历了由"低等水平—中等水平—较高等水平"的演变过程。其中，驱动力子系统基本保持稳定，压力子系统先升后降，状态子系统和影响子系统逐步上升，响应子系统呈现 M 型变化特征。障碍度模型研究结果表明：从子系统看，2005~2017 年子系统对生物质能源产业发展影响程度的排序依次为状态子系统、影响子系统、响应子系统、驱动力子系统和压力子系统；从指标层看，生物质发电并网装机容量、生物质发电量、生物质能源发展投入强度、生物质能源技术水平、原煤消费量、万元 GDP 能耗及农作物秸秆能源资源量等指标对生物质能源产业发展的影响较大。从整体上看，生物质能源资源利用率、资金投入量、产业规模、市场竞争力、技术水平是生物质能源产业发展的关键影响因素。论文定量分析了黑龙江省重点国有林区生物质能源产业发展的关键影响因素，有助于针对性地提出对策建议，这是本书的创新之处。

五是提出了推动黑龙江省重点国有林区生物质能源产业发展的对策建议。在前文理论分析和实证研究基础上，从完善生物质能源产业政策、提高生物质能源产业技术创新能力、加强生物质能源产业金融支持力度、健全生物质能源产业市场运行机制和建立生物质能源产业原料保障体系五个方面，提出了推动黑龙江省重点国有林区生物质能源产业发展的对策与建议。结合生物质能源产业发展实际情况，以双丰林业局热电联项目为例，设计了生物质能源技术创新演进流程，从技术使用阶段缺少研发资金和人员，向技术改进阶段发展，获得政府直接补贴，形成"产—学—研"技术联盟，最后达到技术自主创新阶段，得到政府税收补贴，实现技术人员自有化。以利用农作物秸秆进行生物质发电的企业为例，构建了农作物秸秆原料收储运体系，初期采用"农户—秸秆经纪人—企业"的收储运体系，降低成本，逐步向"农户/农民合作社—秸秆收储运公司—企业"转变，保证原料可持续供给。

本书在研究过程中还存在一定不足，可进行更加深入的研究，具体表现为：

一是本书在 DPSIR 理论模型及相关文献分析基础上，对黑龙江省重点国有林区生物质能源产业发展的影响因素进行定性和定量的分析，但对于处在发展期的产业，影响因素都是复杂多变的。黑龙江省重点国有林区生物质能源产业尚处在起步阶段，本书所提出的影响因素是根据黑龙江省重点国有林区现实状况，现阶段对生物质能源产业发展影响较大的因素未考虑效益类因素。随着产业发展水平不断提高，影响因素也会产生一定变化，期望在今后研究中得到进一步补充和完善。

二是在对生物质能源产业发展机理分析中，数据选取范围是黑龙江省重点国有林区，由于其经济社会发展的特殊性，结论会存在一定局限性，并不能完全适用于所有国有林区。未来研究可以从其他国有林区入手进行实证研究，有利于横向比较国有林区生物质能源产业发展状况，更全面地了解国有林区生物质能源产业发展机理。

参 考 文 献

[1] 张国晨:《内蒙古自治区生物质能源发展模式研究》,天津大学,2012年。

[2] Bilgili F, Kocak E, Bulut Ü et al. Can Biomass Energy be an Efficient Policy Tool for Sustainable Development? [J]. *Renewable and Sustainable Energy Reviews*, 2017, 71: 830 – 845.

[3] 姜洋:《黑龙江省国有林区生物质能源发展战略研究》,东北林业大学,2010年。

[4] 冯雪、吴国春、曹玉昆:《基于Citespace的中国生物质能源研究知识图谱分析》,载《干旱区资源与环境》2018年第1期。

[5] 赵思语、耿利敏:《中国与瑞典林业生物质能源产业政策对比分析》,载《世界林业研究》2020年第2期。

[6] 黑龙江省人民政府:《关于印发全省推进清洁能源产业发展行动方案(2017 – 2020)的通知》,黑龙江省人民政府网,2019年2月7日。

[7] 国家林业局:《国家林业局财政部关于切实做好全面停止黑龙江重点国有林区天然林商业性采伐试点工作的通知》,国家林业局网,2019年1月7日。

[8] 耿玉德、万志芳、李微等:《国有林区改革进展与政策研究——以龙江森工集团和大兴安岭林业集团为例》,载《林业经济》2017年第2期。

[9] 黑龙江省节能技术服务中心:《黑龙江朗乡林业局10万吨林木剩余物致密成型燃料生产项目可行性研究报告》,黑龙江省节能技术服务中心工作论文,2008年。

[10] Lauri P, Havlík P, Kindermann G et al. Woody Biomass Energy Potential in 2050 [J]. *Energy Policy*, 2014, 66 (3): 19 – 31.

[11] Nikola B, Neven V, Barbara J et al. Evaluation of Croatian Agricultural Solid Biomass Energy Potential [J]. *Renewable and Sustainable Energy Re-*

views, 2018, 93: 225 - 230.

[12] Suzuki K, Tsuji N, Shirai Y et al. Evaluation of Biomass Energy Potential Towards Achieving Sustainability in Biomass Energy Utilization in Sabah, Malaysia [J]. *Biomass and Bioenergy*, 2017, 93: 149 - 154.

[13] Schneider L C, Kinzig A P, Larson E D et al. Method for Spatially Explicit Calculations of Potential Biomass Yields and Assessment of Land Availability for Biomass Energy Production in Northeastern Brazil [J]. *Agriculture Ecosystems and Environment*, 2001, 84 (3): 207 - 226.

[14] Zyadin A, Natarajan K, Latva - Käyrä P et al. Estimation of Surplus Biomass Potential in Southern and Central Poland Using GIS Applications [J]. *Renewable and Sustainable Energy Reviews*, 2018: 204 - 215.

[15] Yamamoto H, Fujino J, Yamaji K. Evaluation of Bioenergy Potential with a Multi-regional Global-land-use-and-energy Model [J]. *Biomass and Bioenergy*, 2001, 21 (3): 185 - 203.

[16] Ericsson K, Nilsson L J. Assessment of the Potential Biomass Supply in Europe Using a Resource-focused Approach [J]. *Biomass and Bioenergy*, 2006, 30 (1): 1 - 15.

[17] Gonzalez - Salazar M A, Morini M, Pinelli M et al. Methodology for Estimating Biomass Energy Potential and its Application to Colombia [J]. *Applied Energy*, 2014, 136: 781 - 796.

[18] Thrän D, Seidenberger T, Zeddies J et al. Global Biomass Potentials—Resources, Drivers and Scenario Results [J]. *Energy for Sustainable Development*, 2010, 14 (3): 200 - 205.

[19] Hoogwijk M, Faaij A, Van Den Broek, R et al. Exploration of the Ranges of the Global Potential of Biomass for Energy [J]. *Biomass and Bioenergy*, 2003, 25 (2): 119 - 133.

[20] Caniato M, Carliez, Daphné, Thulstrup A. Challenges and Opportunities of New Energy Schemes for Food Security in Humanitarian Contexts: A Selective Review [J]. *Sustainable Energy Technologies and Assessments*, 2017, 22: 208 - 219.

[21] Von Braun J, Bioeconomy - The global Trend and its Implications for Sustainability and Food Security [J]. *Global Food Security*, 2018, 19: 81 - 83.

[22] Koizumi, Tatsuji. Biofuel and Food Security in China and Japan [J]. *Renewable and Sustainable Energy Reviews*, 2013, 21: 102 – 109.

[23] Negash M, Swinnen J F M. Biofuels and Food Security: Micro-evidence from Ethiopia [J]. *Energy Policy*, 2013, 61: 963 – 976.

[24] Strebkov D S. Biofuels and Food Security [J]. *Frontiers of Agricultural Science and Engineering*, 2015, 2 (1): 829 – 841.

[25] Palit D, Malhotra R, Kumar A. Sustainable Model for Financial Viability of Decentralized Biomass Gasifier Based Power Projects [J]. *Energy Policy*, 2011, 39 (9): 4893 – 4901.

[26] Upadhyay T P, Shahi C, Leitch M et al. Economic Feasibility of Biomass Gasification for Power Generation in Three Selected Communities of Northwestern Ontario, Canada [J]. *Energy Policy*, 2012, 44: 235 – 244.

[27] Daylan B, Ciliz N. Life Cycle Assessment and Environmental Life Cycle Costing Analysis of Lignocellulosic Bioethanol as an Alternative Transportation Fuel [J]. *Renewable Energy*, 2016, 89: 578 – 587.

[28] Seo Y, Han H S, Bilek E M et al. Economic Analysis of a Small-sized Combined Heat and Power Plant Using Forest Biomass in the Republic of Korea [J]. *Forest Science and Technology*, 2017, 13 (3): 116 – 125.

[29] Hendricks A M, Wagner J E, Volk T A et al. Regional Economic Impacts of Biomass District Heating in Rural New York [J]. *Biomass and Bioenergy*, 2016, 88: 1 – 9.

[30] Malça J, Freire F. Addressing Land Use Change and Uncertainty in the Life-cycle Assessment of Wheat-based Bioethanol [J]. *Energy*, 2012, 45 (1): 519 – 527.

[31] Zhao L, Ou X, Chang S. Life-cycle Greenhouse Gas Emission and Energy Use of Bioethanol Produced from Corn Stover in China: Current Perspectives and Future Prospectives [J]. *Energy*, 2016, 115: 303 – 313.

[32] Tan S T, Hashim H, Hoo P Y et al. Mitigation the Transboundary Haze in ASEAN Country: Biomass to Energy GHG Emission Assessment [J]. *Energy Procedia*, 2017, 105: 1178 – 1183.

[33] Wang M, Pan X, Xia X et al. Environmental Sustainability of Bioethanol Produced from Sweet Sorghum Stem on Saline-alkali Land [J]. *Bioresource Technology*, 2015, 187: 113 – 119.

[34] Pedroli B, Elbersen B, Frederiksen P et al. Is Energy Cropping in Europe Compatible with Biodiversity? Opportunities and Threats to Biodiversity from Land-based Production of Biomass for Bioenergy Purposes [J]. *Biomass and Bioenergy*, 2013, 55: 73 - 86.

[35] Kline K L, Martinelli F S, Mayer A L et al. Bioenergy and Biodiversity: Key Lessons from the Pan American Region [J]. *Environmental Management*, 2015, 56 (6): 1377 - 1396.

[36] Kumar M A, Mudappa D, Raman T R S. Asian Elephant Elephas Maximus Habitat Use and Ranging in Fragmented Rainforest and Plantations in the Anamalai Hills, India [J]. *Tropical Conservation Science*, 2010, 3 (2): 143 - 158.

[37] Timo T P C, Lyra - Jorge M C, Gheler - Costa C et al. Effect of the Plantation Age on the Use of Eucalyptus Stands by Medium to Large-sized Wild Mammals in South-eastern Brazil [J]. *iForest - Biogeosciences and Forestry*, 2015, 8: 108 - 113.

[38] Parliament E. Directive 2009/28/EC of the European Parliament and of the Council of 23 April 2009 on the Promotion of the Use of Energy from Renewable Sources and Amending and Subsequently Repealing Directives 2001/77/EC and 2003/30/EC [R]. Official Journal of the European Union 2009, April 23, 2009.

[39] Agency U E P. Renewable Fuel Standard Program (RFS) Regulatory Impact Analysis [J]. Agency Website, Dec. 7, 2018.

[40] 闫晶晶:《我国生物质能源开发利用的可持续发展评价与实证研究》，中国地质大学，2010年。

[41] 张琪、常建民、司慧等:《国内外生物质能源政策对比研究》，载《现代化工》2011年第S2期。

[42] 王志强、周隽、吴祺豪:《国际碳税实践及对中国的启示》，载《价值工程》2013年第33期。

[43] 张平、张晔、代木林:《全球生物能源政策比较及启示》，载《中国地质大学学报（社会科学版）》2014年第4期。

[44] 蔡飞:《京郊农村地区生物质固体燃料开发潜力与项目推广模式研究》，北京林业大学，2013年。

[45] 李京京、任东明、庄幸:《可再生能源资源的系统评价方法及

实例》，载《自然资源学报》2001年第4期。

[46] 尹天佑：《生物质能源技术开发利用与产业化》，吉林大学出版社2005年版。

[47] 蔡飞、张兰、张彩虹：《我国林木生物质能源资源潜力与可利用性探析》，载《北京林业大学学报（社会科学版）》2012年第4期。

[48] 潘小苏：《林木生物质能源资源潜力评估研究》，北京林业大学，2014年。

[49] 王涛、常小箭、黄宗华：《西安市主要农作物秸秆能源资源量估算及能源化潜力分析》，载《安徽农业科学》2017年第16期。

[50] 宓春秀、苏世伟：《江苏省生物质能源潜力的灰色系统模型预测》，载《中外能源》2017年第7期。

[51] 臧良震、张彩虹：《中国林木生物质能源潜力测算及变化趋势》，载《世界林业研究》2019年第1期。

[52] 吕指臣：《我国主要农作物生物质能开发潜力与策略研究》，重庆理工大学，2016年。

[53] 谢光辉：《非粮生物质原料体系研发进展及方向》，载《中国农业大学学报》2012年第6期。

[54] 廖福霖：《海峡西岸发展生物质能产业的机遇与挑战》，载《林业经济问题》2007年第4期。

[55] 王欧：《中国生物质能源开发利用现状及发展政策与未来趋势》，载《中国农村经济》2007年第7期。

[56] 张锦华、吴方卫、沈亚芳：《生物质能源发展会带来中国粮食安全问题吗？以玉米燃料乙醇为例的模型及分析框架》，载《中国农村经济》2008年第4期。

[57] 李军、吴平治、李美茹等：《能源植物的研究进展及其发展趋势》，载《自然杂志》2007年第1期。

[58] 谢光辉、郭兴强、王鑫等：《能源作物资源现状与发展前景》，载《资源科学》2007年第5期。

[59] 高群、曾明：《全球化与能源化双重视角下的国内粮食安全研究》，载《江西社会科学》2018年第11期。

[60] Yu S, Tao J. Economic, Energy and Environmental Evaluations of Biomass-based Fuel Ethanol Projects Based on Life Cycle Assessment and Simulation [J]. *Applied Energy*, 2009 (86): S178–S188.

[61] 李世密、寇巍、张晓健:《生物质成型燃料生产应用技术及经济效益分析》,载《环境保护与循环经济》2009年第7期。

[62] 陈娟:《湖北省农村生物质能源产业发展的综合效益评价》,载《统计与决策》2012年第23期。

[63] 张世龙、郑美灵:《生物质直燃发电项目经济效益分析及政策选择》,载《杭州电子科技大学学报(社会科学版)》2013年第1期。

[64] 张兵、张宁、李丹等:《江苏省秸秆类农业生物质能源分布及其利用的效益》,载《长江流域资源与环境》2012年第2期。

[65] 徐鹏、穆献中、余潋石等:《京津冀生物质废弃物能源化利用潜力及环境效益研究》,载《环境科学与技术》2017年第12期。

[66] 王爱军、张燕、张小桃等:《生物质直燃和混燃发电环境效益分析》,载《可再生能源》2011年第3期。

[67] 罗凌:《关于中国发展林木生物质能源原料供给的思考》,载《山东林业科技》2012年第6期。

[68] 赵倩:《我国林业生物质能源发展目标确定》,载《中国绿色时报》2012年1月5日。

[69] 李苑艳、陈凯、顾荣:《基于政策工具和技术创新过程的生物质能源产业创新政策评价》,载《科技管理研究》2018年第6期。

[70] 国家税务总局:《关于发展生物质能源和生物化工财税扶持政策的实施意见》,国家税务总局网,2007年1月31日。

[71] 国家能源局:《关于完善农林生物质发电价格政策的通知》,国家能源局网,2010年7月28日。

[72] Shen L, Liu L, Yao Z et al. Development Potentials and Policy Options of Biomass in China [J]. *Environmental Management*, 2010, 46 (4): 539-554.

[73] 张伟、张凤奎:《关于黑龙江省森工林区生物质能源发展的探讨》,载《黑龙江生态工程职业学院学报》2007年第2期。

[74] 王仲瑶:《基于模糊层次分析法的黑龙江新能源开发决策分析》,载《大庆石油学院学报》2007年第2期。

[75] 王树良、张同伟:《黑龙江省国有林区生物质能源发展潜力和对策的研究》,载《生物质化学工程》2006年第S1期。

[76] 姜洋、宫春婕、周涛滔:《黑龙江省国有林区生物质能源发展模式研究》,载《林业经济》2012年第3期。

[77] 姜洋、曹玉昆:《黑龙江国有林区发展生物质能源的SWOT分析及战略选择》,载《森林工程》2008年第3期。

[78] 姜洋、曹玉昆:《基于层次分析法的黑龙江国有林区生物质能源发展战略的波士顿矩阵》,载《东北林业大学学报》2008年第8期。

[79] 孙小东:《对黑龙江省森工发展生物质能源战略意义的认识》,载《林业勘查设计》2007年第3期。

[80] 赵超:《黑龙江森工林区发展生物能源产业浅析》,载《黑龙江生态工程职业学院学报》2011年第4期。

[81] 黑龙江森林工业总局:《森工简介》,黑龙江森林工业总局网,2017年3月15日。

[82] 朱颖、张滨、倪红伟等:《基于公共产品供给理论的森林生态产品产出效率比较分析》,载《林业经济问题》2018年第2期。

[83] 冯雪、吴国春、曹玉昆等:《生物质能源可利用潜力评价——以黑龙江省重点国有林区为例》,载《中国农业资源与区划》2019年第6期。

[84] 陈洪章、王岚:《生物质生化转化技术》,冶金工业出版社2012年版。

[85] 王连茂:《江西省林木生物质能源产业化研究》,北京林业大学,2009年。

[86] Saxena R C, Adhikari D K, Goyal H B. Biomass-based Energy Fuel through Biochemical Routes: A Review [J]. *Renewable and Sustainable Energy Reviews*, 2009, 13 (1): 167 – 178.

[87] 刘荣厚:《生物质能工程》,化学工业出版社2009年版。

[88] 张蓓蓓:《我国生物质原料资源及能源潜力评估》,中国农业大学,2018年。

[89] 徐庆福、王立海:《林业生物质能源及其开发利用对策》,载《森林工程》2006年第6期。

[90] 赵军、王述洋:《我国农业生物质能源资源与利用》,载《现代化农业》2007年第1期。

[91] 谭芙蓉、吴波、代立春等:《纤维素类草本能源植物的研究现状》,载《应用与环境生物学报》2014年第1期。

[92] 周银、许丹、肖恩荣等:《水生植物能源化利用技术与方法研究进展》,载《环境科学与技术》2016年第11期。

[93] 张永亮、赵立欣、姚宗路等:《生物质固体成型燃料燃烧颗粒物的数量和质量分布特性》,载《农业工程学报》2013年第19期。

[94] 马隆龙、唐志华、汪丛伟等:《生物质能研究现状及未来发展策略》,载《中国科学院院刊》2019年第4期。

[95] 蔡建军、王清成、王婷:《生物质燃料综合应用技术研究进展》,载《上海节能》2014年第12期。

[96] 张波、李文哲、杜佳:《生物质气体燃料概述与展望》,载《农机化研究》2007年第3期。

[97] 张希良、吕文:《中国森林能源》,中国农业出版社2008年版。

[98] 张卫东、张兰、张彩虹等:《我国林木生物质能源资源分类及总量估算》,载《北京林业大学学报（社会科学版）》2015年第2期。

[99] 黑龙江省森林工业总局:《黑龙江省森林工业综合统计资料汇编》,中国龙江森林工业（集团）总公司工作论文,2016年。

[100] 蔡北华、徐之河:《经济大辞典——工业经济卷》,上海辞书出版社1983年版。

[101] 金碚:《产业国际竞争力研究》,载《经济研究》1996年第11期。

[102] 石元春:《发展生物质产业》,载《中国农业科技导报》2006年第1期。

[103] 康新凯:《西部地区生物液体能源产业发展研究》,中央民族大学,2012年。

[104] Rapport D, Friend A, *Towards a Comprehensive Framework for Environmental Statistics: A Stress-response Approach* [M]. Ottawa: Statistics Canada, 1979.

[105] Heinonen S, Jokinen P, Kaivo-Oja J. The Ecological Transparency of the Information Society [J]. *Futures*, 2001, 33 (3-4): 319-337.

[106] 王慧敏、洪俊、刘钢:《"水—能源—粮食"纽带关系下区域绿色发展政策仿真研究》,载《中国人口·资源与环境》2019年第6期。

[107] 董微微、李北伟:《基于PSR模型中国网络信息生态环境评价及障碍因子分析》,载《情报科学》2019年第4期。

[108] 谢小青、黄晶晶:《基于PSR模型的城市创业环境评价分析——以武汉市为例》,载《中国软科学》2017年第2期。

［109］王金涛：《基于 DPSIR 模型的土地利用规划环境影响评价研究》，华中师范大学，2001 年。

［110］Lin T, Lin J Y, Cui S H et al. Using a Network Framework to Quantitatively Select Ecological Indicators ［J］. *Ecological Indicators*, 2009, 9 (6): 1114 – 1120.

［111］UNCSD. Indicators of sustainable development: guidelines and methodologies ［R］. UNCSD Working Paper, 2007.

［112］李晓丹、杨灏、陈智婷等：《基于 DSR 模型的煤矿废弃工业广场再开发时序评价体系》，载《农业工程学报》2018 年第 1 期。

［113］冯敬俊：《主体功能区引导下区域建设用地调控政策响应研究》，浙江大学，2013 年。

［114］Svarstad H, Petersen L K, Rothman D et al. Discursive Biases of the Environmental Research Framework DPSIR ［J］. *Land Use Policy*, 2008, 25 (1): 0 – 125.

［115］Lin Y C, Huang S L, Budd W W. Assessing the Environmental Impacts of High-altitude Agriculture in Taiwan: a Driver – Pressure – State – Impact – Response (DPSIR) Framework and Spatial Emergy Synthesis ［J］. *Ecological Indicators*, 2013, 32: 42 – 50.

［116］Meybeck M, Lestel L, Bonté P et al. Historical Perspective of Heavy Metals Contamination (Cd, Cr, Cu, Hg, Pb, Zn) in the Seine River Basin (France) Following a DPSIR Approach (1950 ~ 2005) ［J］. *Science of the Total Environment*, 2007, 375 (1 – 3): 204 – 231.

［117］Smeets E, Weterings R, *Environmental Indicators: Typology and Overview* ［M］. Copenhagen: European Environment Agency, 1999.

［118］曹红军：《浅评 DPSIR 模型》，载《环境科学与技术》2005 年第 S1 期。

［119］王怡然、张大红、吴宇伦：《基于 DPSIR 模型森林生态安全时间与空间变化分析——以浙江省 79 个县区为例》，载《生态学报》2020 年第 8 期。

［120］张丽君、李宁、秦耀辰等：《基于 DPSIR 模型的中国城市低碳发展水平评价及空间分异》，载《世界地理研究》2019 年第 3 期。

［121］朱新华、钟苏娟：《"流空间"视角下高铁对城市土地利用的影响——基于 DPSIR – PLS 模型分析》，载《资源科学》2019 年第 12 期。

［122］张建清、张岚、王嵩等：《基于 DPSIR - DEA 模型的区域可持续发展效率测度及分析》，载《中国人口·资源与环境》2017 年第 11 期。

［123］Pirrone N, Trombino G, Cinnirella S et al. The Driver - Pressure - State - Impact - Response (DPSIR) Approach for Integrated Catchment-coastal Zone Management: Preliminary Application to the Po Catchment - Adriatic Sea Coastal Zone System [J]. *Regional Environmental Change*, 2005, 5 (2 - 3): 111 - 137.

［124］Tscherning K, Helming K, Krippner B et al. Does Research Applying the DPSIR Framework Support Decision Making? [J]. *Land Use Policy*, 2012, 29 (1): 102 - 110.

［125］张建光：《智慧政务信息生态协同演化机制研究》，中央财经大学，2016 年。

［126］孙剑萍、汤兆平：《基于 DPSIR 模型的生物燃料可持续发展量化评价研究——以江西省为例》，载《科技管理研究》2013 年第 4 期。

［127］于丹、张兰、张彩虹：《基于熵权 TOPSIS 的林木生物质能源区域发展潜力的评价研究》，载《北京林业大学学报（社会科学版）》2016 年第 3 期。

［128］张力、陈文、蒋建军：《基于 DPSIR 和 BP 神经网络的安全绩效评估模型》，载《中国安全科学学报》2014 年第 12 期。

［129］秦国伟、董玮：《城市治理现代化的逻辑范式、作用机制与实践路径》，载《河南社会科学》2018 年第 5 期。

［130］赵峰：《高校创新创业教育发展研究——基于"驱动力—压力—状态—影响—响应"理论视角》，载《国家教育行政学院学报》2018 年第 6 期。

［131］郑磊、韦海民、刘正顺：《基于 DPSIR 模型的新型城镇化综合评价——以陕西省为例》，载《商业时代》2014 年第 30 期。

［132］周骥：《智慧城市评价体系研究》，华中科技大学，2013 年。

［133］丁伟伟：《逆向飞地经济现象研究》，杭州师范大学，2019 年。

［134］刘刚、沈镭：《中国生物质能源的定量评价及其地理分布》，载《自然资源学报》2007 年第 1 期。

［135］于丹：《林木生物质能源资源供给能力评价及影响因素分析》，北京林业大学，2016 年。

［136］Qiu H, Sun L, Xu X et al. Potentials of Crop Residues for Commercial Energy Production in China: a Geographic and Economic Analysis [J]. *Biomass and Bioenergy*, 2014, 64 (6): 110 – 123.

[137] 王亚静、毕于运、高春雨:《中国秸秆资源可收集利用量及其适宜性评价》,载《中国农业科学》2010 年第 9 期。

[138] 毕于运:《秸秆资源评价与利用研究》,中国农业科学院,2010 年。

[139] 蔡亚庆、仇焕广、徐志刚:《中国各区域秸秆资源可能源化利用的潜力分析》,载《自然资源学报》2011 年第 10 期。

[140] 黑龙江省发展和改革委员会:《国务院关于印发"十三五"国家战略性新兴产业发展规划的通知》,黑龙江省发展和改革委员会网,2016 年 12 月 22 日。

[141] 国家能源局:《关于印发生物质能"十三五"规划的通知》,国家能源局网,2016 年 2 月 6 日。

[142] 黑龙江省发展和改革委员会:《黑龙江省能源发展"十三五"规划》,黑龙江省发展和改革委员会网,2018 年 1 月 10 日。

[143] 黑龙江省政府办公厅:《黑龙江省人民政府办公厅关于印发 2019 年黑龙江省秸秆综合利用工作实施方案的通知》,黑龙江省政府办公厅网,2019 年 10 月 18 日。

[144] 周涛滔:《黑龙江省生物质能源企业发展模式研究》,东北林业大学博士论文,2016 年。

[145] 龙江科技情报:《黑龙江省生物质能源产业发展研究》,龙江科技情报网,2019 年 3 月 25 日。

[146] Tromborge E, Bolkesjo T F, Solberg B. Biomass Market and Trade in Norway: Status and Future Prospects [J]. *Biomass and Bioenergy*, 2008, 2 (8): 660 – 671.

[147] Neufeldt H, Schafer M. Mitigation Strategies for Greenhouse Gas Emissions from Agriculture Using a Regional Economic-ecosystem Model [J]. *Agriculture, Ecosystems and Environment*, 2008, 123 (4): 305 – 316.

[148] 张静、王宏伟、张鑫:《融资结构、创新阶段与企业创新投入》,载《北京工业大学学报(社会科学版)》2017 年第 2 期。

[149] 阮建青、石琦、张晓波:《产业集群动态演化规律与地方政府政策》,载《管理世界》2014 年第 12 期。

[150] 马丽:《新常态下黑龙江省国有林区经济转型问题研究》,东

北农业大学，2015 年。

[151] Urban J B, Osgood N, Mabry P. Developmental Systems Science: Exploring the Application of Systems Science Methods to Developmental Science Questions [J]. *Research in Human Development*, 2011, 8 (1): 1 - 25.

[152] European Environment Agency. Halting the Loss of Bioversity by 2010: Proposal for a First Set of Indicators to Monitor Progress in Europe [R]. EEA Copenhagen Working Paper, 2005.

[153] 张艳：《我国东部沿海区域能源安全评价及保障路径设计》，中国地质大学（北京），2011 年。

[154] 曾睿：《山东半岛蓝色经济区能源可持续发展保障体系构建》，青岛大学，2014 年。

[155] 曹璐：《河北省工业绿色转型路径研究》，河北工业大学，2017 年。

[156] 李玉照、刘永、颜小品：《基于 DPSIR 模型的流域生态安全评价指标体系研究》，载《北京大学学报（自然科学版）》2012 年第 6 期。

[157] 秦晓楠：《旅游城市生态安全系统评价研究》，大连理工大学，2015 年。

[158] Wolfslehner B, Vacik H. Mapping Indicator Models: from Intuitive Problem Structuring to Quantified Decision-making in Sustainable Forest Management [J]. *Ecological Indicators*, 2011, 11 (2): 283.

[159] Borja, ángel, Galparsoro I. Solaun O et al. The European Water Framework Directive and the DPSIR, a Methodological Approach to Assess the Risk of Failing to Achieve Good Ecological Status [J]. *Estuarine Coastal and Shelf Science*, 2006, 66 (1 - 2): 84 - 96.

[160] 姚予龙：《中国资源安全动态评价与关键影响要素解析》，中国可持续发展研究会会议论文，2006 年。

[161] Smeets E, Weterings R. *Environmental Indicators: Typology and Overview* [M]. Copenhagen: European Enviroment Agency, 1999.

[162] Liu X, Liu H, Chen J et al. Evaluating the Sustainability of Marine Industrial Parks Based on the DPSIR Framework [J]. *Journal of Cleaner Production*, 2018, 188: 158 - 170.

[163] 赵文力、刘湘辉、鲍丙飞等：《长株潭城市群县域生态安全评估研究》，载《经济地理》2019 年第 8 期。

[164] 牛庆静:《中国化石能源消费、碳排放与经济增长关系研究》,山东大学,2014年。

[165] 孙才志、吴永杰、刘文新:《基于DPSIR-PLS模型的中国水贫困评价》,载《干旱区地理》2017年第5期。

[166] 于运峰、吴秀芬、李卫东等:《林业生物质能源发展趋势及现状探析》,载《现代园艺》2019年第22期。

[167] 朱忠泰:《基于DPSIR模型框架的江苏省大气污染防治研究》,东南大学,2017年。

[168] 秦晓楠、孙凤芝、袁文华:《中国旅游城市生态安全系统作用机理研究——基于PLS与SD的组合》,载《中国人口·资源与环境》2019年第7期。

[169] 苏晋:《低碳经济背景下我国农村生物质能产业发展的思考》,载《东北农业大学学报(社会科学版)》2011年第6期。

[170] 高柱、冯敬、余发新等:《林业生物质能源发展趋势及现状研究》,载《安徽农业科学》2011年第4期。

[171] 赵忠伟:《高新技术企业持续竞争优势研究》,哈尔滨工程大学,2010年。

[172] 张庆滨:《欠发达地区区域创新能力评价与培育研究》,哈尔滨工程大学,2012年。

[173] 陈兆荣、雷勋平:《基于熵权可拓的我国能源安全评价模型》,载《系统工程》2015年第7期。

[174] 孙涵、聂飞飞、胡雪原:《基于熵权TOPSIS法的中国区域能源安全评价及差异分析》,载《资源科学》2018年第3期。

[175] 孙贵艳、王胜:《基于熵权TOPSIS法的我国区域能源安全评价研究》,载《资源开发与市场》2019年第8期。

[176] 郭明晶、卜炎、陈从喜等:《中国天然气安全评价及影响因素分析》,载《资源科学》2018年第12期。

[177] 范爱军、万佳佳:《基于因子分析法的中国能源安全综合评价》,载《开发研究》2018年第2期。

[178] 郭玲玲、武春友、于惊涛:《中国能源安全系统的仿真模拟》,载《科研管理》2015年第1期。

[179] 薛静静、沈镭、刘立涛等:《中国能源供给安全综合评价及障碍因素分析》,载《地理研究》2014年第5期。

［180］宓春秀:《江苏省生物质能源供给能力评价及影响因素研究》,南京林业大学,2018 年。

［181］杨静、张培栋:《中国农村生物能源利用的 CO_2 排放量估算与空间分析》,载《可再生能源》2012 年第 10 期。

［182］Cornelissen S, Koper M, Deng Y Y. The Role of Bioenergy in a Fully Sustainable Global Energy System ［J］. *Biomass and Bioenergy*, 2012, 41: 21 – 33.

［183］Gustavsson L, Haus S, Ortiz C A et al. Climate Effects of Bio-energy from Forest Residues in Comparison to Fossil Energy ［J］. *Applied Energy*, 2015, 138: 36 – 50.

［184］高柱、冯敬、余发新等:《林业生物质能源发展趋势及现状研究》,载《安徽农业科学》2011 年第 4 期。

［185］肖丽娜、莫笑萍、许芳燕等:《国外生物质能源发展潜力研究进展》,载《中国人口·资源与环境》2014 年第 S2 期。

［186］吉敏、耿利敏:《基于林业循环经济的林业生物质能源发展研究》,载《中国林业经济》2019 年第 5 期。

［187］王秀峰、李华晶、李永慧:《基于内容分析法的中国生物质能源产业发展影响因素研究》,载《管理学家(学术版)》2012 年第 1 期。

［188］沈西林:《影响我国生物质能源发展的因素分析》,载《西南石油大学学报(社会科学版)》2011 年第 1 期。

［189］刘诗琦、贾黎明、苏淑钗等:《林业生物质能源"林油一体化"产业高效可持续发展路径研究》,载《北京林业大学学报》2019 年第 12 期。

［190］陈发伟、祝捷、陈凯:《日本林木生物质能源政策与效果分析》,载《世界林业研究》2019 年第 6 期。

［191］胡静、闻亚、陈凯:《市场导向与政策导向对生物质能源企业绩效影响研究——基于组织学习的中介效应》,载《林业经济问题》2020 年第 1 期。

［192］张滨、吕洁华:《温室气体排放的环境库兹涅茨曲线检验与减排路径的冲击动态——基于黑龙江省统计核算数据》,载《气候变化研究进展》2019 年第 1 期。

［193］Jöreskog K G. Statistical Analysis of Sets of Congeneric Tests ［J］. *Psychometrika*, 1971, 36 (2): 109 – 133.

[194] 侯杰泰、温忠麟、成子娟：《结构方程模型及其应用研究》，科学教育出版社2002年版。

[195] 王惠文、吴载斌、孟洁：《偏最小二乘回归的线性与非线性方法（精）》，国防工业出版社2006年版。

[196] Jöreskog K G, Wold H. *Soft Modeling: the Basic Design and Some Extensions* [M]. Amsterdam: North-Holland Press, 1982.

[197] 霍映宝：《LISREL与PLS路径建模原理分析与比较》，载《统计与决策》2006年第20期。

[198] 赵丽梅：《面向知识创新的高校科研团队内部知识整合研究》，哈尔滨工业大学，2013年。

[199] Anderson J C, Gerbing D W. Structural Equation Modeling in Practice: a Review and Recommended Two-step Approach [J]. *Psychological Bulletin*, 1988, 103 (3): 411-423.

[200] Wong K K. Partial Least Square Structural Equation Modeling (PLS-SEM) Techniques Using SmartPLS [J]. *Marketing Bulletin*, 2013, 24: 1-32.

[201] 张崇辉：《不同购物卷入度下的购物中心魅力度影响因素》，吉林大学，2017年。

[202] 廖颖林：《顾客满意度指数测评方法及其应用研究》，上海财经大学出版社2007年版。

[203] Chang C M, Hsu M H, Yen C H. Factors Affecting Knowledge Management Success: the Fit Perspective [J]. *Journal of Knowledge Management*, 2012, 16 (6): 847-861.

[204] 龚惠群：《基于原始培育能力的原创性新兴产业培育理论及实证研究》，东南大学，2015年。

[205] Lohmöller J B. *Latent Variable Path Modeling with Partial Least Squares* [M]. Heidelberg: Physica-Verlag, 1989.

[206] Thompson R, Barclay D W, Higgins C A. The Partial Least Squares (PLS) Approach to Causal Modeling: Personal Computer Adoption and See an Illustration [J]. *Technology Studies*, 1995, 2 (2): 285-309.

[207] 秦超：《中国—东盟母子公司跨国技术转移机理研究》，云南大学，2017年。

[208] Smith S P, Johnston R B, Howard S. Putting Yourself in the Pic-

[209] Sijtsma K. On the Use, the Misuse, and the Very Limited Usefulness of Cronbach's Alpha [J]. *Psychometrika*, 2009, 74 (1): 107 – 120.

[210] 萧文龙:《统计分析入门与应用: SPSS 中文版 + PLS – SEM (SmartPLS)》, 碁锋资讯股份有限公司 2015 年版。

[211] Bagozzi R P. Evaluating Structural Equation Models with Unobservable Variables and Measurement Error: a Comment [J]. *Journal of Marketing Research*, 1981, 18 (3): 375 – 381.

[212] Wetzels M, Odekerken – Schroder G, Van O C. Using PLS Path Modeling for Assessing Hierarchial Construct Models: Guidelines and Impirical Illustration [J]. *MIS Quarterly*. 2009, 33 (1): 177 – 195.

[213] 刘春艳:《产学研协同创新团队内部知识转移影响机理研究》, 吉林大学, 2016 年。

[214] Hair J F, Ringle C M, Sarstedt M. PLS – SEM: Indeed a Silver Bullet [J]. *The Journal of Marketing Theory and Practice*, 2011, 19 (2): 139 – 152.

[215] Efron B, Tibshirani R. Bootstrap Methods for Standard Errors, Confidence Intervals, and Other Measures of Statistical Accuracy [J]. *Statistical Science*, 1986, 1 (1): 54 – 75.

[216] 成金华、李悦、陈军:《中国生态文明发展水平的空间差异与趋同性》, 载《中国人口·资源与环境》2015 年第 5 期。

[217] 黄跃、李琳:《中国城市群绿色发展水平综合测度与时空演化》, 载《地理研究》2017 年第 7 期。

[218] 成金华、陈军、李悦:《中国生态文明发展水平测度与分析》, 载《数量经济技术经济研究》2013 年第 7 期。

[219] 孙剑锋、秦伟山、孙海燕等:《中国沿海城市海洋生态文明建设评价体系与水平测度》, 载《经济地理》2018 年第 8 期。

[220] 伍肆、周宁、王松林:《基于模糊评价集的工业园区低碳评价体系构建》, 载《中国人口·资源与环境》2013 年第 S2 期。

[221] 郭艳花、佟连军、梅林:《吉林省限制开发生态区绿色发展水平评价与障碍因素》, 载《生态学报》2020 年第 7 期。

[222] 鲁春阳、文枫、杨庆媛等:《基于改进 TOPSIS 法的城市土地

利用绩效评价及障碍因子诊断——以重庆市为例》,载《资源科学》2011年第3期。

[223] 邱宛华:《管理决策与应用熵学》,机械工业出版社2002年版。

[224] 张启銮、陈艳、杨德礼:《基于离差最大化组合赋权的生态评价模型及10个副省级城市的实证研究》,载《管理学报》2010年第12期。

[225] 周玲玲、王琳、余静:《基于水足迹理论的水资源可持续利用评价体系——以即墨市为例》,载《资源科学》2014年第5期。

[226] 信桂新、杨朝现、杨庆媛等:《用熵权法和改进TOPSIS模型评价高标准基本农田建设后效应》,载《农业工程学报》2017年第1期。

[227] 梁建飞、陈松林:《基于熵权TOPSIS模型的福建省土地利用绩效评价及灰色关联分析》,载《福建师范大学学报(自然科学版)》2019年第3期。

[228] 郑晶、于浩、黄森慰:《基于DPSIR-TOPSIS模型的福建省生态环境承载力评价及障碍因素研究》,载《环境科学学报》2017年第11期。

[229] 雷勋平、Robin Qiu、刘勇:《基于熵权TOPSIS模型的区域土地利用绩效评价及障碍因子诊断》,载《农业工程学报》2016年第13期。

[230] Tsaur R C. Decision Risk Analysis for an Interval TOPSIS Method [J]. *Applied Mathematics and Computation*, 2011, 218 (8): 4295 – 4304.

[231] 雷勋平、QIU Robin、刘晨:《土地集约利用与城镇化协调发展评价及障碍因子诊断》,载《农业机械学报》2020年第5期。

[232] 苏世伟、刘甜:《秸秆生物质能财税政策工具有效性研究进展》,载《中国农学通报》2015年第23期。

[233] 田红娜、孙钦琦:《基于云模型的汽车制造企业绿色技术创新能力评价研究》,载《管理评论》2020年第2期。

[234] 郭家森、张永亮、王秀玲:《汇率变动、贸易结构与贸易福利》,中国社会科学出版社2019年版。

附录 A 黑龙江省重点国有林区生物质能源资源原始数据

附表 A-1　　2005~2017 年黑龙江省重点国有林区林木资源量原始数据

资源类型	林地生长剩余物			林地生产剩余物			
	经济林面积（hm^2）	灌木林面积（hm^2）	四旁植树数量（万株）	森林抚育面积（hm^2）	商品林采量（万m^3）	林产品加工产量（万m^3）	苗木产量（万株）
2005	1746	20489.80	391	149102	401.06	247.25	96337
2006	1620	15215.90	925	141263	402.79	204.57	70745
2007	1851	13508.90	282	143443	399.52	211.81	50916
2008	1846.5	13037.70	242	132768	403.81	313.12	50236
2009	1522.5	10327.90	360	144451	396.63	219.95	40768
2010	1409.7	9942.90	290	151530	404.71	308.08	37047
2011	1190.7	9714	195	495647	166.14	238.66	38190
2012	1169	5659	209	507918	131.13	216.44	57140
2013	1146	9064.60	221	492997	77.43	321.15	55612
2014	1137	12931.60	185	487155	54.36	217.05	53582
2015	1137	12931.60	117	498676	4.01	58.71	39299
2016	1137	11810.98	77	518000	6.50	52.95	40280
2017	1137	11810.98	74	541344	5.98	64.62	31267

注：林产品加工产量包括锯材、木片和木粒加工产品、人造板、其他加工板材和木地板的产量。

资料来源：《中国林业统计年鉴》（2005~2017）、黑龙江省森林工业总局统计资料（2005~2017）。

附表 A-2　　黑龙江省重点国有林区农作物产量（万吨）

资源类型	粮食						薯类	饲料作物	油料		
	谷物				豆类						
	水稻	小麦	玉米	其他谷物	大豆	杂豆	马铃薯		花生	油菜籽	芝麻
2005	46200	2431	121324	3002	246191	0	0	212025	0	0	0
2006	63945	2141	161619	2982	269670	390	0	290339	0	0	0
2007	69718	7096	171951	1675	272257	3181	85101	181052	0	112	114
2008	73890	16924	176861	3460	313796	3753	113924	103512	0	0	0
2009	86377	9519	199553	1002	321969	5143	61318	68778	0	0	0
2010	109661	22525	248836	1003	376096	5587	74454	57830	0	0	0
2011	108898	34662	343385	1465	417844	5798	82032	36911	0	0	0
2012	124208	31713	540456	2958	415174	3922	66654	33739	0	0	0
2013	139315	15825	635345	125	398659	6404	37567	29529	2	0	0
2014	179256	51417	671868	128	426337	6690	35680	24449	0	0	0
2015	177150	3378	695339	130	522652	18263	15519	17770	0	0	0
2016	187562	12412	770785	681	505897	202253	7688	11242	0	0	0
2017	117364	34941	551036	58	503418	15085	1315	7216	0	0	0

资源类型	油料			麻类		糖类		烟叶	药材	蔬菜瓜果	其他作物
	向日葵	白瓜籽	其他油料	大麻	亚麻	甜菜	甜叶菊				
2005	8159	19309	0	0	40242	5420	0	69	26622	420107	0
2006	7957	14954	0	0	2187	6420	2633	88	26691	338320	0
2007	5912	14767	0	0	21136	9552	122	131	29455	281931	6743
2008	9477	20086	0	0	13200	3375	294	19	35153	268706	19536
2009	11908	47255	0	0	25983	210	0	12	23601	189482	25168
2010	12256	21559	0	0	19205	1000	0	285	29922	128771	13481
2011	7729	23459	0	0	262	4230	0	285	23862	118951	7387
2012	7608	27828	0	200	262	7500	0	300	28326	133175	13694
2013	7836	28265	0	0	0	121	0	300	31415	116535	14435

续表

资源类型	油料			麻类		糖类		烟叶	药材	蔬菜瓜果	其他作物
	向日葵	白瓜籽	其他油料	大麻	亚麻	甜菜	甜叶菊				
2014	6499	27348	0	0	0	121	0	300	24772	112058	24077
2015	4155	27095	301	0	0	482	3705	150	22276	76997	15244
2016	2650	28259	556	4	192	64	198	0	26403	55042	55675
2017	716	116560	8298	181	0	0	348	0	18585	20520	19243

资料来源：《黑龙江省森林工业综合统计资料汇编》(2005～2017)。

附录 B 黑龙江省重点国有林区生物质能源产业发展机理验证及发展水平测度的原始数据

附表 B 黑龙江省重点国有林区生物质能源产业发展机理验证及发展水平测度的原始数据

指标	2005 年	2006 年	2007 年	2008 年	2009 年	2010 年	2011 年	2012 年	2013 年	2014 年	2015 年	2016 年	2017 年
D_1	0.486	0.554	0.636	0.720	0.869	1.023	1.089	1.327	1.461	1.652	1.761	1.879	2.009
D_2	1.22	1.388	1.612	1.922	2.152	2.552	3.033	3.339	3.518	3.693	3.976	4.198	4.460
D_3	7.87	7.57	7.88	7.91	7.48	7.35	6.99	7.30	6.86	7.37	6.00	6.12	6.22
D_4	1.96	1.92	1.84	1.73	1.62	1.52	1.24	1.19	0.89	0.91	0.86	0.87	0.84
D_5	2.11	2.28	2.45	2.61	2.74	2.91	3.16	3.33	3.09	3.12	3.18	3.23	3.31
P_1	0.0127	0.0118	0.0127	0.0124	0.012	0.0121	0.012	0.0116	0.0112	0.0114	0.0115	0.009	0.008
P_2	6.556	6.963	7.375	7.796	8.012	8.677	9.317	9.717	10.031	9.314	9.273	9.212	9.146
P_3	1.7	1.6	1.44	1.32	1.27	1.19	1.10	1.01	1.01	0.94	0.89	0.84	0.83
P_4	−0.568	−0.52	−0.417	−0.314	−0.28	−0.213	−0.12	−0.008	−0.014	0.071	0.136	0.192	0.216
S_1	6.675	6.85	7.113	7.319	7.521	7.72	7.942	8.167	8.337	8.641	8.924	9.167	9.468
S_2	109.8	103.13	101.17	106.66	100.01	107.7	123.43	119.73	117.13	106.51	89.37	92.26	95.90
S_3	22.211	26.38	27.402	27.612	30.603	31.94	34.817	37.395	40.932	39.126	41.282	47.018	36.125
S_4	32.34	35.92	36.37	37.59	38.85	42.35	46.61	55.87	58.43	63.84	66.57	79.42	63.27
S_5	0.06	0.11	0.2	0.37	0.68	1.25	2.30	4.24	7.82	14.40	26.54	48.90	90.10
S_6	0.08	0.14	0.23	0.40	0.67	1.15	1.95	3.33	5.66	9.64	16.40	27.91	47.50
S_7	164	182	216	245	297	344	390	441	495	478	501	534	587
I_1	80	28	26	26	25	25	25	21	23	25	21	18	15
I_2	89.2	90.1	90.4	91.4	92.3	93.2	93.7	94.2	92.9	92	85.9	91.5	88.7
I_3	3526	4033	4717	5635	6328	7511	8898	9694	10164	10526	11134	11653	12175

续表

指标	2005年	2006年	2007年	2008年	2009年	2010年	2011年	2012年	2013年	2014年	2015年	2016年	2017年
I_4	0.458	0.467	0.478	0.484	0.491	0.504	0.516	0.529	0.537	0.543	0.528	0.534	0.531
I_5	0.478	0.536	0.744	0.893	1.087	1.228	1.359	2.022	2.058	2.389	2.991	3.147	3.407
I_6	5754.7	6067.5	6592	7528.3	7232	7621.8	8318.9	8861.9	8372	8413.7	8399.7	8551.3	8683.1
I_7	2125.2	2312.2	2480.5	2004.1	2503.6	2710.8	3043.7	3218.5	2627.4	2858.1	2896.8	2711.3	2430.4
I_8	324.9	326.2	408.3	418.6	399	397.7	412.3	447.9	462.4	471.9	476.4	505.9	539.4
R_1	0.0004	0.0004	0.0015	0.0015	0.0013	0.0018	0.0021	0.0021	0.0019	0.0014	0.0013	0.0009	0.001
R_2	2906	3622	4303	4574	5079	6803	12236	20261	19819	15412	18942	18046	18221
R_3	69917	68482	70773	68665	76775	78070	77394	77294	73511	67839	67965	66867	61163
R_4	0.0039	0.0037	0.0035	0.0035	0.0038	0.0072	0.0036	0.0043	0.0045	0.0046	0.0073	0.0034	0.0038
R_5	50163	104201	105378	112810	113276	113631	116359	118955	119800	121644	122097	123077	123916
R_6	2	12	25	29	31	34	39	42	42	46	47	45	48

注：D_1、D_2 和 I_5 单位为万元，D_3、P_3、I_2、I_4、R_1 和 R_4 单位为%，D_4 和 D_5 单位为吨标准煤，P_1 和 P_2 单位为吨，P_4 单位为亿吨标准煤，S_1 单位为亿立方米，S_2 和 S_4 单位为万吨，S_3 单位为万公顷，S_5 单位为万千瓦，S_6 单位为亿千瓦时，S_7 和 I_3 为亿元，I_1 单位为微克/立方米，I_6、I_7 和 I_8 单位为万吨标准煤，R_2 和 R_6 单位为项，R_3 单位为人，R_5 单位为公里。

资料来源：《中国林业统计年鉴》（2005~2017）、《黑龙江统计年鉴》（2006~2018）、《黑龙江森林工业综合统计资料汇编》（2005~2017）、黑龙江省森林工业总局统计资料（2005~2017）、黑龙江省环境状况公报（2005~2017），哈尔滨、鸡西、鹤岗、双鸭山、伊春、佳木斯、七台河、牡丹江、黑河和绥化10个城市的国民经济和社会发展统计公报（2005~2017）。其中，P_2 数据来自张滨和吕洁华的研究结果[220]，S_2 和 S_4 为第三章计算结果，S_5 和 S_6 数据来自《可再生能源数据手册》《国家能源局关于2016年度全国生物质发电监测评价的通报》和《国家能源局关于2017年度全国可再生能源电力发展监测评价的通报》，R_6 来自相关网站。

附录 C 黑龙江省重点国有林区生物质产业发展水平计算过程

附表 C-1 规范化决策矩阵及正、负理想解

指标	2005 年	2006 年	2007 年	2008 年	2009 年	2010 年	2011 年	2012 年
D_1	0	0.002	0.003	0.005	0.009	0.012	0.014	0.019
D_2	0	0.001	0.003	0.006	0.008	0.012	0.016	0.020
D_3	0.025	0.021	0.026	0.026	0.020	0.018	0.013	0.018
D_4	0.047	0.045	0.042	0.037	0.032	0.028	0.017	0.015
D_5	0	0.003	0.006	0.009	0.012	0.015	0.019	0.023
P_1	0.017	0.013	0.017	0.015	0.014	0.014	0.014	0.013
P_2	0	0.003	0.006	0.008	0.01	0.014	0.019	0.021
P_3	0	0.003	0.007	0.01	0.011	0.013	0.016	0.018
P_4	0	0.002	0.005	0.009	0.010	0.012	0.016	0.020
S_1	0	0.002	0.005	0.007	0.009	0.011	0.014	0.016
S_2	0.016	0.011	0.010	0.014	0.009	0.015	0.028	0.025
S_3	0	0.004	0.005	0.006	0.009	0.010	0.013	0.016
S_4	0	0.003	0.003	0.004	0.005	0.008	0.012	0.019
S_5	0	0	0	0	0.001	0.001	0.003	0.005
S_6	0	0	0	0.001	0.001	0.002	0.004	0.006
S_7	0	0.001	0.004	0.006	0.010	0.013	0.017	0.020
I_1	0	0.009	0.010	0.010	0.010	0.010	0.010	0.010
I_2	0.007	0.009	0.009	0.011	0.013	0.015	0.015	0.017
I_3	0	0.002	0.004	0.007	0.009	0.013	0.017	0.020
I_4	0	0.003	0.006	0.008	0.010	0.014	0.017	0.021
I_5	0	0.001	0.004	0.006	0.008	0.01	0.012	0.021

续表

指标	2005 年	2006 年	2007 年	2008 年	2009 年	2010 年	2011 年	2012 年
I_6	0.043	0.039	0.031	0.018	0.023	0.017	0.008	0
I_7	0.022	0.018	0.015	0.024	0.014	0.01	0.003	0
I_8	0.024	0.024	0.015	0.014	0.016	0.016	0.014	0.001
R_1	0	0	0.017	0.017	0.014	0.022	0.027	0.027
R_2	0	0.002	0.003	0.004	0.005	0.009	0.022	0.041
R_3	0.011	0.009	0.012	0.009	0.019	0.021	0.020	0.020
R_4	0.009	0.005	0.002	0.002	0.007	0.067	0.004	0.016
R_5	0	0.009	0.009	0.011	0.011	0.011	0.011	0.012
R_6	0	0.004	0.009	0.011	0.011	0.013	0.014	0.016

指标	2012 年	2014 年	2015 年	2016 年	2017 年	正理想解	负理想解
D_1	0.022	0.027	0.029	0.032	0.035	0.035	0
D_2	0.021	0.023	0.027	0.029	0.033	0.033	0
D_3	0.012	0.019	0	0.002	0.003	0.026	0
D_4	0.002	0.003	0.001	0.001	0	0.047	0
D_5	0.018	0.019	0.020	0.021	0.022	0.023	0
P_1	0.011	0.012	0.012	0.004	0	0.017	0
P_2	0.024	0.019	0.018	0.018	0.018	0.024	0
P_3	0.018	0.020	0.021	0.022	0.023	0.023	0
P_4	0.019	0.022	0.025	0.027	0.028	0.028	0
S_1	0.018	0.021	0.025	0.027	0.031	0.031	0
S_2	0.022	0.014	0	0.002	0.005	0.028	0
S_3	0.019	0.017	0.020	0.026	0.014	0.026	0
S_4	0.021	0.025	0.028	0.038	0.025	0.038	0
S_5	0.009	0.016	0.030	0.055	0.101	0.101	0
S_6	0.011	0.018	0.031	0.054	0.092	0.092	0
S_7	0.024	0.023	0.025	0.027	0.031	0.031	0
I_1	0.01	0.010	0.010	0.011	0.012	0.012	0
I_2	0.014	0.012	0	0.011	0.006	0.017	0

附录C 黑龙江省重点国有林区生物质产业发展水平计算过程

续表

指标	2012年	2014年	2015年	2016年	2017年	正理想解	负理想解
I_3	0.022	0.024	0.026	0.028	0.031	0.031	0
I_4	0.023	0.025	0.021	0.022	0.022	0.025	0
I_5	0.021	0.026	0.034	0.036	0.040	0.040	0
I_6	0.007	0.006	0.006	0.004	0.002	0.043	0
I_7	0.012	0.007	0.006	0.01	0.016	0.024	0
I_8	0.009	0.008	0.007	0.004	0	0.024	0
R_1	0.024	0.016	0.014	0.008	0.01	0.027	0
R_2	0.04	0.03	0.038	0.036	0.036	0.041	0
R_3	0.015	0.008	0.008	0.007	0	0.021	0
R_4	0.019	0.021	0.069	0	0.007	0.069	0
R_5	0.012	0.012	0.012	0.012	0.013	0.013	0
R_6	0.016	0.017	0.018	0.017	0.018	0.018	0

附表C-2　　　　　　正、负理想解的距离

年份	驱动力		压力		状态		影响		响应		综合	
	D_j^+	D_j^-	D_j^+	D_j^-	D_j^+	D_j^-	D_j^+	D_j^-	D_j^+	D_j^-	D_j^+	D_j^-
2005	0.053	0.053	0.043	0.017	0.151	0.016	0.058	0.054	0.081	0.014	0.193	0.081
2006	0.050	0.050	0.039	0.014	0.149	0.012	0.055	0.051	0.081	0.014	0.189	0.075
2007	0.046	0.049	0.033	0.019	0.148	0.013	0.052	0.041	0.078	0.025	0.184	0.073
2008	0.043	0.047	0.027	0.022	0.146	0.018	0.052	0.038	0.078	0.025	0.181	0.071
2009	0.040	0.042	0.025	0.023	0.144	0.019	0.047	0.038	0.073	0.030	0.175	0.070
2010	0.037	0.041	0.020	0.027	0.141	0.026	0.047	0.038	0.033	0.076	0.158	0.101
2011	0.042	0.036	0.015	0.032	0.137	0.039	0.052	0.036	0.068	0.044	0.168	0.085
2012	0.039	0.042	0.010	0.036	0.132	0.044	0.054	0.042	0.053	0.059	0.158	0.101
2013	0.050	0.038	0.011	0.037	0.125	0.049	0.043	0.045	0.05	0.056	0.151	0.102
2014	0.046	0.044	0.009	0.037	0.114	0.052	0.044	0.047	0.052	0.046	0.142	0.102
2015	0.053	0.045	0.007	0.039	0.098	0.065	0.045	0.050	0.018	0.083	0.123	0.131
2016	0.052	0.048	0.014	0.039	0.065	0.097	0.042	0.055	0.073	0.043	0.120	0.135
2017	0.052	0.053	0.018	0.040	0.028	0.146	0.043	0.058	0.067	0.044	0.104	0.176